22/20

LETTRES À YVES

PIERRE BERGÉ

LETTRES
À YVES

GALLIMARD

Il a été tiré de l'édition originale de cet ouvrage
quarante exemplaires sur vélin pur fil
des papeteries Malmenayde numérotés de 1 à 40.

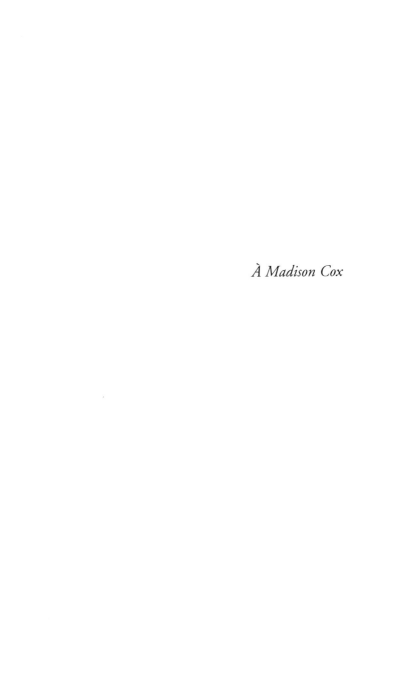

À Madison Cox

J'ai perdu le témoin de ma vie, je crains
désormais de vivre plus négligemment.

Pline le Jeune

5 juin 2008

Comme le matin de Paris était jeune et beau la fois où nous nous sommes rencontrés ! Tu menais ton premier combat. Ce jour-là, tu as rencontré la gloire et, depuis, elle et toi ne vous êtes plus quittés. Comment aurais-je pu imaginer que cinquante années plus tard nous serions là, face à face, et que je m'adresserais à toi pour un dernier adieu ? C'est la dernière fois que je te parle, la dernière fois que je le peux. Bientôt, tes cendres rejoindront la sépulture qui t'attend dans les jardins de Marrakech.

C'est à toi que je m'adresse, à toi qui ne m'entends pas, qui ne me réponds pas. Tous ceux qui sont ici m'entendent, mais toi seul ne le peux.

Comment ne pas se souvenir ? Je me souviens de

cette première rencontre et de celles qui ont suivi. Je me souviens du jour où nous avons décidé — mais décide-t-on dans ces cas-là ? — que nos routes allaient se rejoindre et n'en feraient qu'une. Je me souviens de t'avoir annoncé sur ton lit d'hôpital au Val-de-Grâce que tu n'étais plus à la tête de la maison de haute couture qui t'employait et je me souviens de ta réaction : « Alors, m'as-tu dit, nous allons en fonder une ensemble et tu la dirigeras. » Je me souviens de la chasse à l'argent, des écueils qui surgissaient de partout, mais pour toi j'aurais affronté plus de risques encore. Je me souviens de ta première collection sous ton nom, rue Spontini, et de tes larmes à la fin qui témoignaient de mois de doutes, de recherches, d'angoisse. Une fois de plus la gloire était venue te frôler de son aile. Puis les années se sont succédé et avec elles les collections. Comme elles ont passé vite, ces années, et comme tes collections ont façonné leur époque. De tous les couturiers, tu fus le seul à avoir ouvert le livre de ta vie, à le commencer au chapitre I, à l'écrire, et à y inscrire le mot Fin. Tu avais compris que l'époque qui s'annonçait ne demanderait ni rigueur ni exigence et, après un dernier défilé au Centre Pompidou qui demeurera dans la mémoire de la mode, tu as quitté à jamais ce métier que tu avais tant servi et que tu avais tant aimé.

Tu ne t'es jamais consolé de cette séparation. Tu avais une passion pour la création de mode mais, comme cela arrive parfois dans certains couples, le divorce était inéluctable. Ce qui n'empêche pas de continuer à aimer ni de souffrir. Je veux te dire, moi qui fus ton plus proche témoin, que, entre toutes, les qualités que j'ai le plus admirées chez toi sont précisément l'honnêteté, la rigueur et l'exigence. Tu aurais pu parfois te couler dans la mode mais tu n'y as jamais songé, fidèle au style qui fut le tien. Tu as eu bien raison, puisque ce style est celui qu'on retrouve partout. Peut-être pas sur les podiums de la mode, mais dans les rues du monde entier. Ta complicité avec les femmes, que tu revendiquais haut et fort et dont tu étais le plus fier, n'a jamais cessé. Avec Chanel — car si un nom doit être cité aujourd'hui, et un seul, c'est bien le sien —, Chanel qui t'avait désigné comme son successeur, tu auras été le couturier le plus important du XXe siècle. Elle de la première moitié, toi de la seconde.

Sur la plaque de marbre qui t'attend, au-dessous de ton nom, j'ai voulu que soit gravé « couturier français ». Couturier tu l'as été, ô combien ! Tu as construit une œuvre dont les échos seront longtemps audibles. Français, car tu ne pouvais rien être d'autre. Français, comme un vers de

Ronsard, un parterre de Le Nôtre, une page de Ravel, un tableau de Matisse.

Pascal, qui ne l'aimait pas, reproche à Montaigne de préférer son œuvre à tout. C'est Montaigne qui a raison. C'est ton œuvre qui t'a permis de vivre, de supporter l'angoisse qui fut la tienne depuis ton plus jeune âge. L'artiste est ainsi fait qu'il ne trouve de salut et de raisons d'espérer que dans la création.

Comment, à ton propos, ne pas citer Proust ? Tu appartenais, en effet, « à cette grande famille magnifique et lamentable des nerveux qui est le sel de la terre. Tout ce que nous connaissons de bien nous vient des nerveux. Ce sont eux, et non pas d'autres, qui ont fondé les religions et composé les chefs-d'œuvre. Jamais le monde ne saura ce qu'il leur doit et surtout ce qu'eux ont souffert pour le lui donner ».

Voilà, Yves, ce que je voulais te dire. Il va falloir se quitter maintenant et je ne sais comment le faire. Parce que je ne te quitterai jamais — nous sommes-nous jamais quittés ? — même si je sais que nous ne regarderons plus le soleil se coucher derrière les jardins de l'Agdal, que nous ne partagerons plus d'émotion devant un tableau ou un objet d'art. Oui, tout cela je le sais, mais je sais aussi que je n'oublierai jamais ce que je te dois et qu'un jour j'irai te rejoindre sous les palmiers marocains. Pour te quitter, Yves, je veux te dire mon admiration, mon profond respect et mon amour.

25 décembre 2008

Je viens de relire ce discours que j'ai prononcé à l'église Saint-Roch le jour de tes funérailles. Au fond, c'est une lettre que je t'ai adressée. Une lettre publique, mais une lettre tout de même. Pas davantage qu'hier tu ne m'entends aujourd'hui. Alors, pourquoi ai-je envie de t'écrire, de poursuivre avec toi ce dialogue que j'ai commencé il y a six mois ? Je ne saurais le dire. En tout cas, je vais le faire.

Premier Noël sans toi. Nous ne tenions pas particulièrement à cette fête, n'est-ce pas ? D'ailleurs, nous sommes toujours restés à Paris à cause de la collection de haute couture. Je suis à Marrakech, dans cette maison qui fut la nôtre et qui n'est que la mienne désormais, où tout me rappelle notre vie, me raconte notre histoire. Tu sais, ce n'est pas rien cinquante années alignées les unes après les autres et mes souvenirs se brouillent. Que faisions-nous en 1958 ? C'était notre premier Noël et je ne me souviens de rien. Nous habitions place Dauphine. Peu de temps auparavant nous avions entendu Callas à l'Opéra lors de ce fameux gala qui s'ancrera dans nos mémoires. Mais de ce Noël, de ce Noël-là, je ne me souviens pas.

Je suis allé m'asseoir — j'y vais chaque jour — devant le mémorial que j'ai fait élever pour toi. Il y avait beaucoup de touristes, de visiteurs. Certains prennent des photos. Ils ne me dérangent pas. Je suis heureux qu'ils lisent ton nom, qu'ils pensent à toi. C'est ce que j'ai voulu.

Je sais bien que tu ne liras pas cette lettre ni celles qui suivront mais qu'importe, je t'écris, même si c'est à moi-même que je m'adresse. Certes, ces lettres te sont destinées ; c'est une manière de poursuivre notre dialogue. C'est ma façon de continuer à te parler. À toi qui ne m'entends pas et qui ne me répondras pas.

26 décembre 2008

J'ai écouté le quatuor de Beethoven que je préfère, l'opus 132, joué avec une précision de scalpel par le quatuor Pražák. Tu sais, c'est merveilleux de transporter avec soi dans une boîte, petite comme un paquet de cigarettes, toute la musique du monde. En tout cas, une grande partie. Il fait le temps que tu aimais : soleil jamais offusqué, soirées et nuits frileuses. J'ai décidé ce soir de refaire ta chambre et de l'habiter. Avant-hier, après le dîner de Noël, j'avais été triste de quitter cette maison pour rejoindre l'appartement que je me suis aménagé dans le jardin Majorelle. Surtout maintenant. Je vais donc y retourner et tâcher d'y vivre. Je demanderai à Bill un nouveau plan. Il n'est pas en grande forme, loin de là, mais il sera heureux de travailler à nouveau. Pour en revenir à mon iPod, j'écoute souvent le sextuor de Brahms qu'on a joué pour la messe de tes obsèques à Saint-Roch.

Je lis — relis — Flaubert. Le tome I de sa *Correspondance*. Passionnant, même si je préfère le dernier, l'année de sa mort, l'année de la mort de tant de ses amis, de George Sand. Mais quelle merveille cet homme qui transportait sa carapace de génie, de Croisset au Caire.

Pierre arrive demain.

27 décembre 2008

Flaubert : « Le Nil est plat comme un fleuve d'acier. » J'ai relu cette phrase plusieurs fois. « New

York est une ville debout », a dit Céline. Ce sont des mots définitifs. Pardonne-moi, mais je ne peux t'écrire plus longuement.

30 décembre 2008

Je suis dans l'avion qui nous ramène à Paris. On passe au-dessus de Tanger. On peut voir notre maison. Enfin, la deviner. Ce trajet, Yves, nous l'avons fait ensemble si souvent depuis plus de quarante ans. Ce séjour à Marrakech était agréable et difficile. Agréable, car j'aimais ceux qui étaient là ; difficile, car tu étais présent partout et à tout moment. Je m'y habituerai. Je n'ignore pas que tu n'aimais plus aller à Marrakech. Mais qu'aimais-tu ? Tu t'étais aussi détaché de Deauville. Tu n'étais plus que refus, rejet. Tout était prétexte à ta grogne, à ta mauvaise humeur. Autour de toi, tes proches — les seuls que tu tolérais — ne t'en voulaient pas. T'en ai-je jamais voulu ? Je ne te cacherai pas que ce fut rude parfois. Mais, après tout, il y a longtemps que j'avais tout accepté, toléré, car tu ne pouvais rien affronter, le moindre obstacle te faisait trébucher, déclenchait ton ire. Tu as vécu les vingt-cinq dernières années de ta vie — c'est long vingt-cinq ans — caparaçonné, à l'écart de la réalité, à l'abri du monde. La vérité est que tu ne t'es jamais remis de ces années noires et ceux qui te voyaient tous les jours savaient que tu n'avais pas tort de te qualifier de « mort vivant ». Cette dernière partie de ta vie fut terrible, pleine d'horreurs plus ou moins devinées, de désespoir, de manifestations hystériques, car, hystérique, tu l'étais profondément.

31 décembre 2008

Cette année va se terminer. Elle aura été celle de ta mort. Ta mort, que je savais inéluctable depuis plus d'un an qu'on me l'avait annoncée. Ta mort, qui fut, comme me l'avaient dit les médecins, paisible. Parfaite. Mais existe-t-il des morts parfaites ? La tienne survint à 23 h 10 le dimanche 1er juin. Tu étais dans ta chambre, dans ton lit, comme tu l'aurais sans doute souhaité. Je ne t'ai jamais révélé ta maladie. À quoi bon ? Tu n'as subi aucun traitement, aucune des tortures qui entourent souvent la vie des cancéreux. En fait, tu as juste cessé de respirer et tes yeux se sont ouverts tout grands. Je les ai fermés. C'était fini. Je n'ai pas pleuré. C'est plus tard, bien plus tard que mes larmes ont coulé. Tu es mort entouré de ceux que tu aimais. Nous avons décidé, Philippe et moi, de prévenir la presse et le téléphone s'est mis à sonner. J'ai parlé de toi. J'ai dit ce qu'il fallait dire, comme une leçon apprise. Moujik n'est pas resté dans ta chambre. Déjà, depuis quelques jours, il l'évitait. Catherine Deneuve est venue, elle s'est couchée auprès de toi pour t'embrasser. J'étais très ému.

Puis il y a eu la dispersion de tes cendres dans la roseraie de la villa Oasis, notre maison à Marrakech, et l'érection, dans le jardin Majorelle, de ce mémorial imaginé par Madison. Tu sais, tu peux être fier, je te l'ai déjà écrit, à l'idée de ces milliers de visiteurs qui s'attardent, te rendent un hommage muet, ont une pensée pour toi. Je t'ai évité le froid anonymat du cimetière et le regard du curieux qui, à Montparnasse, t'aurait cherché entre Sartre et Duras.

3 janvier 2009

Je ne t'ai pas écrit depuis quelques jours. Trop à faire. Je redoutais cette fin d'année, ce « réveillon » comme on dit. Assis à la même table que l'année dernière, je ne pouvais que penser à toi. Avec tristesse, mais avec douceur, car je savais mieux qu'un autre que la mort t'a délivré de tant d'angoisses.

Paris vide, gris, triste. Demain, je vais montrer la rue de Babylone à des amis. Tant de souvenirs s'entrechoquent, les meilleurs et les pires. C'est là que nous avons été heureux, là que nous avons été malheureux, là que tu as failli, plein d'alcool et de cocaïne, me tuer avec cette tête grecque que j'ai évitée de justesse. Là que les années terribles ont commencé.

4 janvier 2009

Catherine Putman va mourir. Entrée à l'hôpital pour une espèce de bronchite, on a découvert trois cancers. J'ai beaucoup de peine. X… que j'ai vu hier lutte avec courage contre un cancer du poumon.

J'ai montré la rue de Babylone comme je te l'ai dit. La chaudière était cassée. Froid de gueux. Jardin dénudé. Ciel qui s'accrochait aux toits. Lugubre.

J'ai écouté avec Pierre un jeune pianiste allemand, Martin Helmchen, jouer la *Sonate en la* de Schubert et les *Moments musicaux*. On n'oublie pas Radu Lupu, mais c'est excellent.

6 janvier 2009

Je viens d'avoir de mauvaises nouvelles de Bill. Hémorragie cérébrale. Il est en réanimation à l'hôpital de Marrakech. État critique. Te souviens-tu de ces jours marocains où la vie nous était offerte comme un cadeau ? Je voudrais tant que tu te souviennes, que tu ne croies pas à la nécessité du malheur. Hélas, je te connais et je sais combien tu aimais jouer avec le pire, la dépression noire. J'ai connu tout cela et ces éclats de fausse joie, ces projets inutiles, ces sauts dans l'inconnu pour mieux retomber tel un pantin désarticulé. Et moi j'étais là, je te suivais, j'essayais de t'aider. Tu sais, je mesure ma part de responsabilité. Ne crois pas que je rejette mes erreurs. Je t'ai protégé de tout et probablement trop. Sans le savoir, je t'ai infantilisé et, de même que tu as été dépendant de la drogue, tu l'as été de moi. J'aurais dû te sevrer de moi. Je ne l'ai pas fait. C'était notre manière de vivre notre histoire. Notre histoire d'amour. Les rôles avaient été distribués dès le début et nous les avons tenus jusqu'à la fin. Souvent je me le suis reproché. Il était trop tard. Disons aussi que cela m'arrangeait, comme cela t'arrangeait. Il n'y a ni victime ni coupable, ou bien il faut admettre qu'il y avait deux victimes et deux coupables ? Je viens de te faire un aveu que je me suis toujours caché.

Avais-je compris cela le premier soir où nous nous sommes rencontrés, au cours de ce dîner donné par Marie-Louise Bousquet, à la Cloche d'or ? C'est possible. Je me souviens de mon trouble et du tien. Je me rappelle avoir failli t'embrasser à pleine bouche lorsque je t'ai ramené chez toi, tard dans la nuit. Comme tout est allé vite après ! T'en souviens-tu ? Lorsque je repense à ces premiers mois de 1958, je me demande où j'ai trouvé la force de mettre fin aux huit années passées avec Bernard, moi qui ai le culte de la fidélité. Je parle de celle du cœur. Oui, tout est allé vite.

Comme dans un théâtre lors des répétitions, ma maison est à moitié vide. Les déménageurs sont venus et ont presque tout emporté. Rassure-toi, je ne suis pas comme Firs à la fin de *La Cerisaie* : je ne me crois pas abandonné.

7 janvier 2009

Je relis ma lettre d'hier. « Sceller notre destin. » Quelle étrange expression qui voudrait dire qu'on a été se faire apposer un sceau. La vérité est bien plus simple : nous nous aimions, nous avons essayé de réunir nos deux existences et, ô surprise, ça a marché pendant cinquante ans. Parfois, nous avons trébuché, nous nous sommes pris les pieds dans le tapis, nous nous sommes cassé qui une jambe, qui un bras, mais cinquante ans plus tard nous étions encore là et nous ne nous étions pas quittés. C'est peut-être cela l'amour fou. L'amour de deux fous. J'ai bien essayé de te fausser compagnie et j'ai su aimer ailleurs, mais tous les chemins me ramenaient à toi. Tu as fait la même chose. Pourtant, la jalousie ne nous a jamais abandonnés. Ce qui est plutôt incompréhensible. Mais qui peut comprendre et qu'y a-t-il à comprendre ? J'ai toujours affirmé que si je ne t'avais pas quitté c'était à cause de notre maison de couture, ce qui n'était pas vrai. Je ne t'ai pas quitté tout simplement parce que je ne le pouvais pas. À l'époque de Madison j'aurais pu le faire, j'ai failli le faire. Finalement c'est lui qui s'est lassé, qui est parti. Tu avais gagné une fois de plus. Te souviens-tu de ce Noël à Deauville en 1987 où je t'ai annoncé ma déroute ? Tu m'as dit, magnanime : « Je te plains car je te connais et je devine à quel point tu as dû t'investir. » J'ai été ému mais je t'avoue m'être demandé si ce n'était pas une manière — ta manière — de me faire toucher le fond. Peu importe. C'était l'époque terrible où tu cachais des verres de whisky derrière les rideaux.

Yves, tu n'es pas fâché, n'est-ce pas, si je t'oblige à te rappeler ces vieux souvenirs ?

8 janvier 2009

Je vais me coucher, il est tard. J'ai malheureusement une mauvaise nouvelle à t'annoncer : Bill est mort. Les vieux amis du vieux Maroc s'en sont allés : Adolpho, Fernando, Joe, toi et maintenant Bill. Qui sera le prochain ?

10 janvier 2009

Je t'écris de l'avion qui me conduit à Marrakech. On enterre Bill lundi. Un pasteur américain en retraite et qui habite là célébrera le culte. Bill nous a désignés, Christopher et moi, comme exécuteurs testamentaires. Nous sommes maintenant au-dessus de Gibraltar. Nous avions toujours dit qu'un jour nous visiterions ce bout de rocher, mais te faire bouger relevait des travaux d'Hercule. Hercule qui pourtant est venu à Tanger. Aussi n'y sommes-nous jamais allés. Ne prends pas ça pour un reproche, les plus beaux voyages sont immobiles et tu as d'ailleurs assez voyagé dans ta création. On l'a bien vu dans cette exposition que j'avais appelée « Voyages extraordinaires ». Il était là, entre autres, ton génie : puiser ton inspiration dans des pays où tu n'étais jamais allé. L'année dernière lorsque j'ai visité le Rajasthan, j'ai été frappé par la justesse de tes vêtements dans la collection indienne que tu avais faite. Tu avais tout inventé et tout était vrai. Te souviens-tu de ce mot d'Oscar Wilde : « Avant Turner il n'y avait pas de brouillard à Londres » ? C'est le propre des artistes de nous faire voir le monde. Et tu étais un artiste.

Je t'envoie ce quatrain qui s'enroule autour de mon cher Marot :

Le printemps et mon bel été / Ont fait le saut par la fenêtre. / Plus ne sont ce qu'ils ont été, / Le froid de l'hiver me pénètre.

C'est peut-être parce que je vais ensevelir Bill que je pense à mon hiver. Que j'y pense ou pas, il est là et frappe à la porte. Je fais semblant d'être sourd et ne lui ouvre pas. Un jour pourtant, il forcera la porte. Et quand tu penses que ça ne m'empêche pas de faire des travaux un peu partout! Si tout ça n'est pas pour déjouer le destin et l'égarer, je ne sais pas ce que c'est.

11 janvier 2009

J'ai été malade toute la nuit. Je vais à l'enterrement de Bill et ne peux t'écrire plus longuement.

13 janvier 2009

Hier, à Marrakech, alors que je quittais le cimetière pour prendre l'avion, on m'apprend la mort de Catherine Putman. Il y a trois semaines nous dînions ensemble chez Charlotte. Elle était belle. Elle a été emportée par un cancer foudroyant. Bill, Catherine, c'est beaucoup la même semaine. L'enterrement de Bill s'est passé comme il fallait. Un révérend américain à l'église catholique. J'ai assisté à la mise en bière. Christopher m'a dit qu'il ne reconnaissait jamais les gens lorsqu'ils étaient morts. Bill avait le visage énorme, étalé sur l'oreiller du cercueil. Il ne restait rien de sa légèreté. C'était la même chose avec toi. Pierre a fait une photo. Belle d'ailleurs, mais tu es un autre. C'est probablement que ceux qui préparent les corps ne les connaissaient pas vivants. Un rien change un visage. Je regarde souvent cette photo. Il est vrai que, les yeux fermés, beaucoup de ton charme s'est évanoui. Certes, tu étais devenu très gros, pourtant il émanait de toi une surprenante aisance. Et puis, mais là tu n'es pas le seul, sans tes lunettes tu es un autre. Met-on des lunettes à un mort ?

Cette vente occupe tout mon temps. Je réponds sans cesse aux mêmes questions : Comment avez-vous constitué cette collection ? Quelle est la première œuvre que vous ayez acquise ? Pourquoi faites-vous cette vente ? Quel est le tableau que tu préférais ? Et le mien ? Je répète les mêmes choses. S'ils savaient tous ces gens, journalistes et autres, que c'est la sexualité et non l'art qui a été notre vrai moteur ! Que c'est à cause d'elle et de sa découverte dans laquelle je t'ai plongé, que je t'ai infligée, que tout a existé : notre amour, notre maison de couture, notre collection, notre vie ! Nous ne lisions pas Bernardin de Saint-Pierre, tous les deux, mais plutôt le Marquis de Sade. C'est la sexualité qui a présidé à notre rencontre, qui nous a réconciliés lorsque ce fut nécessaire et c'est son souvenir que nous avons évoqué si souvent qui nous a réunis jusqu'à la fin.

16 janvier 2009

Dimanche prochain, c'est-à-dire après-demain, tout va partir de la rue de Babylone. Tout est déjà parti de chez moi. Ce n'est pas très agréable de se retrouver dans une maison vide. Comme si on était nu. Mais, tu le sais, on a toujours trop de choses. Trop de tableaux, trop d'objets. Qu'avions-nous besoin de tant de possessions ? N'est-ce pas une vraie manie ou une espèce de maladie d'avoir accumulé toutes ces œuvres d'art ? Plus de 700, te rends-tu compte ? Il est vrai que tu aimais avoir créé cette caverne d'Ali Baba que tu connaissais dans les moindres détails. Un jour, chez moi, tu m'as demandé étonné, ou feignant de l'être : « Comment peux-tu avoir autant d'objets ? » Je t'ai trouvé gonflé mais je ne t'ai pas répondu. J'aurais été malvenu de te reprocher quoi que ce soit. Ne t'ai-je pas encouragé, aidé, à accumuler toutes ces choses ? J'ai largement participé à alimenter ta névrose, car c'est bien de cela qu'il s'agit. Certains sont paranoïaques, d'autres claustrophobes, nous nous étions collectionneurs. Parfois, je me demande si après cette vente je vais être guéri. Collectionneurs, mais pas à la manière du cousin Pons, plutôt à celle des Goncourt, des Noailles, encore que ces derniers avaient de bien vilains tableaux surréalistes. Tu le sais, toi qui avais placé la barre très haut dans ton métier. Dior, Chanel, Balenciaga étaient tes repères, tu as amélioré leurs records. Les prochains couturiers devront prendre un drôle d'élan! Je leur souhaite bien du courage. Cette exigence, nous l'avons voulue dans notre collection.

La rue de Babylone va être vide. Elle sera telle que nous l'avons trouvée. Rappelle-toi : c'était en juillet, le soleil traversait les feuilles des arbres, elle était belle et nous n'avions pas d'argent. Nous nous aimions et le destin nous attendait. C'était notre plus beau viatique.

17 janvier 2009

Hier, je t'ai écrit que tu avais placé très haut la barre de ton métier. En fait, j'ai toujours pensé que ce métier n'était pas à ton niveau, que tu méritais mieux que ça, que tu as toujours souffert de son côté éphémère. Tu as toujours su que la mode n'était pas un art, même s'il fallait un artiste pour la créer. C'est bien pour cela que tu t'es imposé une telle rigueur. Tu aurais dû être un artiste à part entière, mais en avais-tu le talent? Cette question que je me pose, que je te pose, je sais qu'elle a hanté tes jours et tes nuits. Rappelle-toi, Yves, ton œil absolu qui n'a jamais été dupe, qui ne s'est jamais égaré. J'ai appris à tes côtés la dure loi de l'intégrité. Je ne l'ai pas oubliée. C'est ma manière à moi de t'être fidèle, d'être fidèle à moi-même. Je suis fier de n'avoir jamais transigé. Sur rien. Toi non plus, tu ne l'as jamais fait. Te rappelles-tu ces premières années, dans la maison de couture, où ton exigence parfois si implacable pouvait sembler inacceptable. Chacun depuis a compris que tu avais eu raison.

23 janvier 2009

Je suis venu passer la nuit au mas Théo à Saint-Rémy-de-Provence. Demain les cendres de Catherine seront déposées au cimetière d'Arles dans le caveau de sa famille où se trouvent déjà Jacques, son mari, et Bram Van Velde qu'on ne savait pas où enterrer et qui y trouva refuge. Il fait un temps normand : brouillard, vent, pluie. Lorsque nous avons dispersé tes cendres dans la roseraie de la villa Oasis, il faisait beau. Certains avaient même cru devoir revêtir une tenue campagnarde. Mais c'est une autre histoire. Je pense souvent à Tanger. Te souviens-tu, alors que tu hésitais à acheter la maison que nous avions trouvée, de ce que je t'ai dit? Je suis sûr que tu t'en souviens. Je t'ai dit : « Yves, tu es né à Oran sur la Méditerranée et moi dans l'île d'Oléron sur l'Atlantique. Tanger est l'endroit où la Méditerranée et l'Atlantique se rejoignent. » Je ne sais pas si cela t'a décidé, mais nous avons acheté la maison. Si j'aime cette ville, si j'ai choisi d'y séjourner souvent, c'est pour cela. Je ne suis jamais allé à Oran, tu n'y es jamais retourné. Tu n'as jamais mis les pieds dans mon île. Nous n'avons pas souvent parlé de l'Algérie ensemble. J'ai préféré éviter ce sujet car mes propos t'auraient peiné. Toi le descendant de colons, moi l'anticolonialiste militant. Dans une interview au *Figaro*, tu déclarais qu'un homosexuel à Oran c'était comme un assassin. Je ne sais pas ce que tes parents auraient pensé s'ils avaient su que tu faisais l'amour avec des Arabes. Eux qui les méprisaient. Toi qui te donnais à eux.

30 janvier 2009

Je ne t'écris pas aussi souvent que je le voudrais. Cette vente ronge le temps. Je donne plusieurs interviews chaque jour et ce n'est pas assez. Je me demande si tu approuverais cette vente. Je sais que tu ne l'aurais pas faite, que tu aurais peut-être vendu ce qui était chez moi parce que ça ne t'aurait pas manqué, mais le reste, ce qui se trouve rue de Babylone, tu ne t'en serais pas séparé. En cela nous étions différents. Tu tenais aux choses, je ne tiens qu'aux gens, tu aimais conserver, j'aime partager. La Fondation t'intéressait peu, elle conservait une œuvre, la tienne, que tu avais dû arrêter, dont tu avais dû te déprendre et tu vivais cette séparation comme un échec. Même les expositions qui te concernaient ne soulevaient chez toi qu'un faible enthousiasme. Cela je le savais lorsque j'ai créé cette Fondation, mais je n'ai écouté que mon amour, que mon admiration. Je sais bien que tu as tout perdu le jour où, au Centre Pompidou, tu as vu défiler ton œuvre et que tu lui as dit adieu. Je me souviens : tu t'es avancé sur le podium comme si tu montais à l'échafaud. Plus le public t'acclamait, plus les bravos éclataient, plus ta souffrance s'étalait et plus ta détresse existait. Tu n'avais vécu que pour ton métier. Les autres fois, lorsque tu sortais cueillir les applaudissements comme des fleurs, tu étais heureux et ça se voyait. Cette fois, tu savais que ce seraient les derniers, que jamais plus la gloire ne te frôlerait de son aile. Tu allais devoir vivre dans l'ombre, toi qui n'avais aimé que le soleil, conjuguer ta vie au passé. Pauvre lion blessé, ton signe zodiacal — celui de Chanel — t'avait trahi.

1er février 2009

Dimanche froid et gris. Dans vingt jours notre collection sera exposée au Grand Palais et des milliers de gens viendront l'admirer. Pour moi, ça ne veut plus rien dire. Le Brancusi, c'était la sculpture devant laquelle on attendait le déjeuner, le papier collé de Matisse, l'œuvre sous laquelle tu t'asseyais pour boire du café. Le paravent de Frank surplombait mon lit lorsque j'habitais là et tu sais mieux que personne ce qu'il peut suggérer. Alors tu comprends bien qu'à mon tour j'aurai peut-être devant notre collection « le regard bête du passant indifférent » dont parle Goncourt. Tout ça ne veut rien dire sans toi. Je suis heureux d'avoir pris cette décision. Dans ma dernière lettre, je t'écrivais que tu n'aurais pas fait cette vente. Comme les Égyptiens tu te serais laissé emmurer au milieu de tes trésors, et ton chien — qui ne ressemble vraiment pas à Anubis — aurait été retrouvé mort à tes côtés, les tableaux et les miroirs voilés par les toiles d'araignée. C'est probablement la mort que tu aurais choisie si tu l'avais pu. Elle aurait ressemblé à ton orgueilleuse solitude, à ta volonté d'emporter tout avec toi. Le mystère serait resté entier. Mon choix a déchiré le mystère. Notre vie va être exposée et même vendue. Nous qui n'aimions pas l'argent, qui méprisions ceux qui l'aimaient et qui avions emprunté aux Noailles leur devise « Plus d'honneur que d'honneurs », nous terminons riches et bardés d'honneurs. Mais tu sais la vérité, tu la sais puisque nous en avons souvent parlé : cet argent et ces honneurs, nous ne les avons jamais voulus. C'est comme les œuvres d'art que nous avons accumulées, elles se sont trouvées sur notre chemin. Toi, l'artiste, et moi, le libertaire, voilà qu'on nous déguise en hommes d'affaires. Moi surtout. Ah! s'ils savaient.

5 février 2009

J'ai fait un rêve étrange. Je ne sais pas très bien où nous étions. À Marrakech probablement. Tu me reprochais d'avoir laissé à Dar el Hanch la pierre sculptée scellée dans le mur lorsque nous avons vendu la maison à Fernando. « Maurice Doan nous avait dit que c'était un symbole très rare, qui portait bonheur et qu'il ne fallait jamais s'en séparer. Les malheurs ont commencé lorsque nous avons abandonné cette pierre. Tout ça, c'est ta faute. » Avec ta mauvaise foi habituelle suivit une litanie de tes malheurs : alcool, drogue, J. de B. qui a failli nous séparer, etc. Je ne me souviens pas de tout. Là-dessus, je me suis réveillé. Comme toujours avec toi c'était la faute des autres. J'aurais tant voulu que tu affrontes la vérité! Tu en as été incapable. Non seulement tu ne l'as pas affrontée mais tu l'as fuie à toutes jambes pour te réfugier dans un monde d'illusions, comme tu as fui la réalité. Ce monde que certains qualifieraient de merveilleux mais dans lequel tu as vécu un martyre. C'est vrai, Yves, la pierre cabalistique, comme tu l'appelais, est toujours scellée dans le mur de Dar el Hanch mais je ne crois pas que c'est à cause d'elle que le malheur s'est abattu sur toi, sur nous. Tu l'as tellement voulu, ce malheur, tu as tellement joué avec lui. Tu vois, aujourd'hui je n'accuse plus personne même si le nom de J. de B. viendrait aisément sous ma plume, même si j'ai longtemps dit le contraire et affirmé qu'il t'avait entraîné dans l'enfer d'où tu ne devais plus revenir. Je sais que tout cela tu l'as voulu. J'ai mis du temps à l'admettre. Un jour, j'ai compris que ton désir le plus fort était de jouer avec le diable. J'étais trop équilibré pour toi, trop *square* comme on disait alors et je n'ai pas réussi à te sauver. J. de B. n'a été qu'un prétexte, l'occasion que tu cherchais et qui s'est présentée. Il y a quelque temps, K… m'a téléphoné pour me dire qu'il avait des lettres de toi adressées à J. de B., qu'il était tellement horrifié par leur vulgarité, leur crudité, leur violence sexuelle qu'il avait failli les brûler mais que finalement, mi-menace mi-chantage, il avait préféré les garder. Je lui ai dit que ça m'était égal. Je te connais et je sais la graphomanie qui s'emparait de toi lorsque tu tombais amoureux. « J'ai adressé des lettres dégueulasses à F… m'avais-tu dit un jour, il faut les récupérer. » F… était un gigolo et je n'ai rien récupéré. Parfois, ton aveuglement te faisait emprunter de bien mauvaises routes. Pour en revenir à J. de B., je n'ai jamais compris comment tu avais pu tomber amoureux d'un séducteur d'opérette efféminé, fat et mal monté.

J'ai évoqué ta dernière cure, te rappelles-tu cette phrase de Duras en réponse à un journaliste : « Ne vous y trompez pas, je suis une alcoolique qui ne boit pas. » C'est ce que tu devais devenir. C'est pour cela que ton regard perdu et triste n'est plus jamais redevenu comme avant. Ce regard si gai et surtout si malicieux qui avait été le tien pendant les premières années. Les années du bonheur.

15 février 2009

Dix jours sont passés depuis ma dernière lettre. Je t'épargnerai les détails de ces dix jours. Cette vente m'engloutit au sens propre. Je suis noyé et ne maintiens la tête hors de l'eau qu'au prix d'efforts incessants. Je comprends pourquoi à ma place tu n'aurais pas laissé faire cette vente. D'abord, tu n'aurais jamais voulu, ensuite tu n'aurais pas pu assumer tout ce qui l'accompagne : dix interviews par jour, radios, télévisions du monde entier. Me croiras-tu si je te dis que je n'en tire pas de vanité. Bien sûr, je suis heureux de montrer à la face du monde ce que nous avons collectionné, toi et moi, la rigueur de nos choix, l'exigence absolue qui fut la nôtre. Mais tu sais bien comme tout nous paraissait naturel, normal. Tu sais bien que nous n'avons jamais été étonnés de voir arriver chez nous Picasso et Matisse. D'une certaine manière nous pensions que ces tableaux nous étaient destinés. Quand je regarde le catalogue des 733 lots qui vont être mis en vente, j'ai la tête qui tourne et je me dis que c'est l'œuvre d'un fou. De deux fous. Comme je suis responsable de la majorité des achats, je me demande où j'ai trouvé le temps d'amasser tous ces objets, tous ces tableaux. Je trouve admirable, le mot n'est pas trop fort, que nos goûts n'aient pas divergé. Sur rien. Au fond, la plus grande preuve d'amour que nous nous soyons donnée l'un à l'autre, c'est cette collection et nos maisons. Tu m'as dit un jour, il n'y a pas si longtemps : « On parlera d'un goût Bergé, comme on parle d'un goût Noailles. » Je suis resté bouche bée. De fait, tu n'avais pas le compliment facile et en général tu aimais bien t'attribuer le premier rôle. Je te le laissais le plus souvent. C'est ainsi que, sans nous le dire, nous avons distribué nos emplois depuis le début. Toi et moi nous avons toujours su à quoi nous en tenir.

Oui, l'œuvre de deux fous! Les journaux de tous les pays parlent de cette vente. Les hôtels n'ont plus de chambres et les avions privés ne peuvent plus atterrir au Bourget. Comme tu le sais, on parle de « la vente du siècle ». Pour te dire le vrai, tout cela me plaît, bien sûr, mais ne me bouleverse pas outre mesure. Vente du siècle ou pas, tous ces tableaux, meubles, objets que nous avons tant aimés vont connaître une nouvelle vie. À mon âge, il faut savoir s'alléger. Toi, tu avais du génie. Moi, j'ai su t'accompagner et cette collection que nous avons faite ensemble m'a permis d'être près des « voleurs de feu » dont parle Rimbaud. Tu sais, je ne te remercierai jamais assez de m'avoir embarqué avec toi sur les cimes de la création. Certes, pendant cinquante ans j'ai été là, à tes côtés, vigilant, attentif et je sais bien que ta vie et ton œuvre n'auraient pas été les mêmes si nous ne nous étions pas rencontrés. Pourtant, la chose la plus importante c'est le talent, et ça personne ne te l'a donné.

Nous sommes dimanche, il fait froid. Au moment où je t'écris, d'autres sont au Grand Palais à préparer l'exposition et la vente. T'ai-je dit que tout cela aura lieu au Grand Palais ? J'aurais bien voulu qu'une exposition de ton travail ait lieu en même temps. J'aurais pu ainsi montrer ce dont je suis le plus fier et qui tient en une phrase : D'où vient l'argent, où va l'argent. Cette exposition aura lieu l'année prochaine, en mars au Petit Palais. On montrera trois cents modèles. Si tu savais avec quelle ferveur les gens les regardaient à Montréal et à San Francisco, tu serais fier! Je l'étais. Je te les avais vu créer, je les avais vus défiler. Tu me diras que souvent elles furent difficiles à faire, ces collections, mais rappelle-toi comme tu étais heureux à la fin quand la salle se levait d'un même élan et que les acclamations t'accueillaient. Hélas, ce bonheur-là, ce bonheur éphémère retombait vite et vite la tristesse reprenait sa place. Nous sommes dimanche et dans cinq jours l'exposition ouvrira.

28 février 2009

Je suis à Marrakech. Presque quinze jours que je ne t'ai pas écrit. Je dois tout te raconter. Ce fut plus incroyable que je l'imaginais. Le Grand Palais tout entier envahi par notre collection. Notre photo, celle d'Alice Springs, de dix mètres de haut, au-dessus de l'entrée. Il faut que tu comprennes que tout était démesuré. Oserais-je dire au niveau de ta mégalomanie ? Ah, ton nom « en lettres de feu sur les Champs-Élysées », celles dont tu rêvais enfant à Oran, crois-moi, elles ont brillé de mille éclats. La scénographie de Nathalie Crinière était admirable. Te rends-tu compte : 733 tableaux, sculptures, meubles, objets exposés dans notre appartement reconstitué de la rue de Babylone ? Les gens ont fait la queue parfois plus de quatre heures et l'ont faite sans se plaindre. « J'aurais pu attendre beaucoup plus », m'a dit une femme émerveillée. Cela a duré jusqu'à minuit pendant quatre jours. J'étais très ému par ce public qui avait piétiné, parfois dans la nuit, et qui s'engouffrait dans toutes ces salles. Il y en avait douze. Le salon, la salle à manger, la pièce Lalanne étaient reproduits, mais à une plus grande échelle. J'aurais bien voulu que cela puisse durer plusieurs semaines mais ça n'a pas été possible. Sache aussi que tous les journaux, radios, télévisions n'ont parlé que de ça. Comme j'aurais voulu que tu sois là! J'ai été très secondé par Philippe qui a été parfait comme il le fut avec toi. Je l'aime beaucoup. Passons maintenant à la vente. Je ne te citerai pas de chiffres car tu n'as jamais voulu les savoir. Je te dirai seulement que nous avons battu tous les records, dans tous les domaines et que cela montre, s'il le fallait, que nous ne nous sommes pas trompés. J'ai fait don au musée du Louvre, comme tu le souhaitais, du Goya, et au musée d'Orsay de la tapisserie de Burne-Jones. J'ai aidé le Centre Pompidou à acquérir *Le Revenant* de Chirico. Je peux ajouter que *Les Coucous* de Matisse et le fauteuil d'Eileen Gray ont fait exploser toutes les estimations. Cette vente m'a rendu très heureux et m'a rappelé tant de souvenirs, entre autres les deux vases de Dunand que ton œil absolu avait repérés rue Bonaparte. J'ai décidé de conserver l'oiseau sénoufo et de le placer dans le salon, rue Bonaparte. Tu te souviens que c'est notre premier achat, chez Charles Ratton. J'ai revu des photos de la place Vauban où il trône majestueusement au milieu de fauteuils de Mallet Stevens et du bar de Lalanne. Nous n'avions pas d'argent à cette époque mais nous avions su nous entourer. Je veux te dire aussi que j'ai rencontré des difficultés avec les têtes chinoises. Une association bidon m'a attaqué en justice et a perdu. On m'a menacé de mort et la police a recommandé que je prenne des gardes du corps, ce qui ne m'a guère amusé. Les têtes ont été vendues. Seront-elles payées, iront-elles en Chine? c'est une autre histoire. Je n'en sais rien et je m'en moque.

2 mars 2009

Kikou, tu me manques terriblement.

5 mars 2009

Je comptais t'écrire longuement du Maroc, c'est raté.

13 mars 2009

Aujourd'hui j'ai eu quelques difficultés avec l'exposition Warhol qui va se tenir au Grand Palais. Un commissaire général qui a beaucoup à apprendre n'avait rien trouvé de mieux que de placer tes portraits dans une section baptisée « glamour ». Tu te serais retrouvé là avec des créateurs de mode dont certains que tu méprisais allégrement. Tu imagines ma réaction. Ou il trouvait une autre place ou je retirais les tableaux. Il n'a rien voulu entendre et je les ai retirés. Nous avons passé notre vie à refuser d'être mélangés à d'autres couturiers et à tout ce fatras de la fringue, comme tu disais. Tant pis pour l'exposition. Je pense qu'Andy aurait bien ri.

Te souviens-tu de nos séjours à Marrakech avec Andy, Fred et Jed ? De cette soirée où nous avions loué trois calèches, dont une pleine de musiciens, pour faire le tour de la médina ? Je me souviens tellement de toi et d'Andy un peu défoncés par le majoun que vous aviez mangé. Surtout toi naturellement. J'ai peine à croire qu'il fut un temps où nous avons été aussi gais, aussi insouciants. Jed était un personnage hors du temps. Je l'aimais beaucoup et j'ai eu une grande peine lorsqu'il est mort dans le crash d'un avion au départ de New York. Fred, c'était autre chose. Il était snob et mondain. C'était l'époque de Dar el Hanch.

Connie et Dominique ont entrepris de mettre de l'ordre dans ton studio avenue Marceau. Elles retrouvent plein de choses. Tellement de dessins.

Chaque fois c'est un émerveillement. Quel talent tu avais !

Hier, je suis allé voir la datcha à Bénerville. Les travaux avancent. Tu aimais tant cet endroit hors du monde. Même si je tiens à éviter toute nostalgie, je veux conserver la datcha et son atmosphère si rare. C'est une « folie » comme on le disait des pavillons à l'architecture particulière. Les travaux vont durer quelque temps. Dehors, dans ce qui n'est ni un jardin ni un parc, Madison a fait un travail épatant. Sans avoir l'air d'y toucher. Je pense que j'irai souvent. On verra bien.

14 mars 2009

Je t'écris du café de Flore où j'ai mangé deux œufs à la coque et bu du thé vert. Je dois aller au Grand Palais pour répondre à une interview. La décision que j'ai prise de retirer tes portraits fait du boucan. C'est pourtant si simple, probablement trop pour un universitaire qui se croit un spécialiste de Warhol. Me donner des leçons de warholisme est assez cocasse. Comme Cocteau avait raison : ne mélangeons pas les torchons avec les serviettes car torchons nous sommes et fiers de l'être. C'était en effet la section du « beau linge » qu'on te proposait. Le printemps sourd lentement. Ma maison est toujours en travaux. À vrai dire, ça m'est égal. Demain je vais aller rue de Babylone trier des objets et choisir ceux que je vais offrir en ton nom à tes amis. Je supporte mal d'aller là-bas où tout me parle de toi. Sache en tout cas que Moujik va bien. Philippe a trouvé un vétérinaire qui lui a prescrit un régime à base de croquettes et supprimé poulet et légumes comme je le voulais depuis longtemps. Ah, mon pauvre Yves, comme il était difficile de te faire entendre raison et comme tu étais entêté! J'ai eu ta mère au téléphone. Elle va paisiblement, j'irai la voir, le temps des règlements de comptes est passé. J'imagine qu'elle croit avoir eu avec toi un rapport privilégié. Ne la détrompons pas et laissons-la finir sa vie avec ses illusions. La vérité n'appartient qu'à ceux qui la savent, les autres ont le droit d'avoir celle qu'ils se sont inventée.

15 mars 2009

Temps superbe. Je suis toujours triste le week-end. C'était le jour où on se retrouvait. Autrefois je t'apportais des fleurs, un jour tu m'as dit que tu en avais trop, alors j'ai cessé. On parle du Festival de Cannes. Te souviens-tu de celui de 1958 ? Bernard était membre du jury et tu étais venu nous retrouver — me retrouver — au mépris de toute prudence. Nous venions de nous connaître. Nous avons vu chaque film assis côte à côte, ta main dans la mienne. Ce furent des jours parfois difficiles puisque nous ne pouvions pas être seuls mais, tout compte fait, heureux. Je ne sais pas ce que sont devenues les photos de cette époque. Tu étais si maigre ! Moi aussi, je venais d'avoir une septicémie.

21 mars 2009

Hier, c'était le premier jour du printemps. Souvent les Lalanne donnaient une fête et presque chaque fois on mourait de froid. Demain je vais aller à Bénerville avec Madison m'occuper de la datcha. Je ne sais pas comment appeler les deux hectares qui l'entourent, ce n'est ni un parc ni un jardin. Plutôt une espèce de champ aménagé, planté de pommiers, bordé d'hydrangéas qui domine la Manche. Quoi qu'il en soit, ce devrait être beau.

Je lis un livre de Yannick Haenel, écrivain que j'aime, et de François Meyronnis. Qu'est-ce que l'érotisme, le corps, la sexualité? Cette phrase juste : « En démocratisant ce qu'on appelle le sexe, on a sans doute fermé un accès à l'opulence érotique. » J'aime beaucoup cette idée de l'opulence érotique. Cette idée de séparer le corps de l'éros me plaît, comme me plaît cette phrase de Deleuze citée dans ce livre : « Quelle triste idée de l'amour, qu'en faire un rapport entre deux personnes. » Si je te raconte cela c'est parce que je crois que parfois nous avons atteint, toi et moi, ce moment qui nous a conduits à la délivrance. C'est pour cela, et pour rien d'autre, que j'aime l'homosexualité et pourtant, tu le sais, j'ai le prosélytisme en horreur. Je l'aime parce qu'à mes yeux l'homosexuel se cherche dans l'autre, s'affronte lui-même, et parfois se trouve. Duras s'est trompée, *La Maladie de la mort* montre qu'elle était passée à côté. Cette conception de la « fusion » m'est étrangère. C'est, comme le raconte Ovide, l'histoire édifiante de Narcisse et de la nymphe Écho. Ça n'existe pas, ni chez les homosexuels ni chez les hétérosexuels. Vouloir à tout prix créer un lien qui n'est que social n'a pas de sens. L'amour passe d'abord par la considération de soi. Stirner ne dit pas autre chose et là il s'écarte d'Hegel. Au fond, nous avons mené toi et moi deux vies parallèles et ton égotisme était tel que dans ta géométrie euclidienne tu n'allais pas me rejoindre. Deux vies parallèles, oui, mais qui se sont complétées. Nous avons évité les embûches de la promiscuité. Quelle chance!

23 mars 2009

> *Un grand sommeil noir*
> *Tombe sur ma vie :*
> *Dormez, tout espoir,*
> *Dormez, toute envie!*

> Verlaine

25 mars 2009

J'ai beau feindre de vivre comme si rien ne s'était passé, comme si j'allais te parler au téléphone comme nous l'avons fait toute notre vie, comme si tu allais pousser la porte de mon bureau, avec prudence comme chaque fois, pour t'assurer qu'il n'y aurait pas d'importuns, il n'y a rien à faire : je bute toujours sur ton absence. Elle m'assaille n'importe où, n'importe quand. Tu étais omniprésent et tu l'es resté. Crois-moi, cette vente et cette affaire Warhol n'ont rien arrangé. Je ne te parle pas d'une absence métaphysique mais au contraire d'une absence physique. Absence présente. Comme un oxymoron. Je sais que tu me comprends, toi qui t'es éloigné si souvent de la vie, qui as pris tant de distance avec la réalité. N'était-ce pas un jeu de ta part? On peut se le demander. Chacune de tes collections ne prouvait-elle pas au contraire que ton regard sur le monde ne s'était pas dissipé, que tu avais tout vu, tout compris. Derrière tes lunettes de myope, tu cachais la vérité mais nous, nous deux, nous avions nos secrets pour la faire jaillir.

28 mars 2009

Admirable concert hier à Pleyel. Chung à la tête de son orchestre dirigeait la *Fantastique* de Berlioz. Je suis toujours étonné que tant de précision n'émousse pas la sensibilité. Comme Boulez, Karajan, Kleiber, Furtwängler et quelques autres. C'est le propre des artistes : seule la rigueur poussée à l'extrême permet d'atteindre l'acmé. Ils sont rares ceux qui, dans tous les domaines, connaissent ces moments. Tu étais de ceux-là.

6 avril 2009

À Salzbourg depuis trois jours. Salzbourg que tu aimais tant. Je suis malade, couché avec l'habituelle rhinite allergique que tu connais. Je suis bourré de toute la cortisone de la ville. J'ai raté *Siegfried,* très beau à ce qu'on dit. Je vais essayer ce soir de me traîner à un concert. Notre premier Salzbourg, t'en souviens-tu ? *Trovatore* avec Leontyne Price et Karajan. Nous sommes devenus fous, toi et moi. Quel souvenir ! Parmi les plus beaux. Nous sommes revenus tant de fois ! Nous avons emmené C... qui s'est fait envoyer un télégramme pour rentrer d'urgence à Paris parce qu'elle n'aimait pas la musique et que la comtesse Walderdorf, propriétaire de l'hôtel, l'avait priée d'aller manger dehors le cornet de glace qu'elle avait acheté dans la rue et de ne pas baver sur son plancher. Celle-là, m'avais-tu dit, il faudra s'en méfier. Tu avais raison. C'est dans cette ville que tu as eu l'idée d'adapter les chaussures à boucles autrichiennes. Les tiennes furent réalisées par Roger Vivier qui s'en est approprié la paternité. Tu te souviens, et pour cause, de cette boutique de lingerie qui te fascinait. Salzbourg est lié à tant de souvenirs. À la musique d'abord — nous fûmes membres fondateurs du festival Wagner de

Pâques —, mais aussi aux amis qui étaient là, aux déjeuners sur le bord des lacs, à la truite au bleu, au *Tafelspitz*, aux châteaux de Louis II et bien sûr au sexe. Depuis des années tu refusais de venir. Comme tu m'as manqué!

10 avril 2009

Madrid. Ville que j'aime où je suis avec Madison avant d'aller à Marrakech. Demain Séville puis Cordoue et Grenade. Une nuit à Gibraltar et ce sera le Maroc. Hier, longue visite du Prado. Tu me connais, j'ai tout vu, tout regardé et chaque fois la magie s'installait. Il se dit, mais faut-il croire, que *Le Colosse* et ce qu'on appelle les *Peintures noires* ne seraient pas de Goya. Les experts qui sont venus examiner le nôtre me l'ont appris. En tout cas je trouve épatant que presque deux cents ans après sa mort on remette en question toute une partie de son œuvre. Comme tu t'en souviens, Rembrandt connut la même aventure et son corpus fut largement bousculé au grand dam de quelques musées et collectionneurs.

Avant de partir, je suis allé au Louvre revoir notre petit enfant rose comme nous l'appelions pour le distinguer du bleu qui est au MET. Au

Prado j'ai été frappé par la qualité des Ribera, mal connu chez nous. C'est un peintre d'histoire avec un œil si juste. Dans ce sens, Goya n'est pas mal non plus et si j'avais été membre de la famille royale d'Espagne je n'aurais pas été content de me retrouver avec une trogne de dégénéré. Nous avons visité trois petites fondations intéressantes avec le meilleur et le pire. Parfois un Goya, un émail de Limoges qui aurait pu être chez nous. J'ai surtout aimé un petit jardin qui avait appartenu à un peintre de la fin XIXe début XXe dont j'ai oublié le nom. J'espère que celui de Tanger lui ressemblera. Bancs en azulejos, fontaines secrètes, treilles dissimulées.

12 avril 2009

Nous sommes à Séville. J'y étais venu lorsque j'étais président de l'Opéra et qu'un décor s'était effondré. Un mort, plusieurs blessés. Je n'oublierai pas ces gens, musiciens, choristes, techniciens, assommés par l'incrédulité et la tristesse. J'étais revenu de ce voyage horrifié, anéanti. Aujourd'hui, Séville est sous le soleil. C'est le Sud, les rues sont pleines d'un peuple gai et libre. C'est la semaine sainte assez peu observée à mon avis. On sert du cochon de lait dans les restaurants. Tu sais que l'influence arabe est manifeste. Tu vois, Kikou, ce sont tous ces moments qui sont difficiles à accepter, à supporter : être là et ne pouvoir rien partager avec toi. Parfois je m'en veux, je me dis que j'aurais dû te forcer, t'obliger à m'accompagner, ne pas solliciter ton avis. Un jour qu'on te demandait devant moi pourquoi tu n'allais plus à Salzbourg, tu as répondu : « Parce que Pierre ne m'y emmène pas. » Ce fut dur à avaler ! J'ai souvent pensé à cette phrase dictée par la méchanceté ou l'inconscience et que j'ai préféré mettre sur le compte de ta précieuse perversité. Et si je l'avais fait ? Si j'avais exigé que tu vinsses avec moi, à Salzbourg ou ailleurs, comment aurais-tu réagi ? La réponse est malheureusement que tu aurais refusé.

Ce matin tôt, dans un vague sommeil, j'ai pensé à toi. La ville était éveillée, je pouvais entendre le bruit des chevaux qui tirent des voitures vertes aux roues jaunes. En fait, j'ai pensé à nous, à notre premier voyage en Grèce. Nous étions jeunes et tu avais voulu, une de tes manies qui te suivit jusqu'au bout, t'éclaircir les cheveux. Nous avions acheté un produit adéquat, tout alla bien jusqu'au moment où tu plongeas dans la mer et que tes cheveux devinrent verts. Affolement, angoisse. Un dîner à l'ambassade de France nous obligeait à rétablir la situation. Nouveau produit, nouveau shampooing. Cette fois tu étais châtain foncé mais nous décidâmes d'arrêter là les expériences capillaires. Les voyages ont souvent été compliqués. En Sicile, il n'y a pas si longtemps, tu étais venu recevoir le prix la Rosa d'Oro que t'avais décerné Chillida et tu étais reparti avec une épaule cassée qui ne devait jamais se souder. Plus tard, tu te cassas l'autre sur les marches de ton perron et tu fus handicapé jusqu'à la fin. Je dois admettre toutefois que ton courage m'épata. Le bras dans une attelle, tu fis à Palerme un brillant discours sur Chillida avant de regagner d'urgence par l'avion que j'avais fait venir l'Hôpital Américain. Ah! l'Hôpital Américain, comme je le connais. Tu y as passé, mis bout à bout, des mois et des mois. Après tout, ce fut une espèce de refuge auquel tu te raccrochas toute ta vie. C'est là qu'on a découvert ton cancer. C'est là que j'ai appris qu'il n'y avait pas d'espoir.

Je te disais que l'influence arabe était manifeste; c'est ce que j'aime à Séville. L'art et la culture arabes, la force incroyable de cette civilisation qui a traversé les siècles. Ce qui est parfaitement visible au Maroc mais n'est d'une certaine manière que la copie de ce que les Arabes ont fait en Espagne. J'ai souvent évité de tenir devant toi des propos qui t'auraient probablement choqué. J'avais compris que malgré ta lucidité tu n'étais pas prêt à juger ta famille. Tu la savais dépourvue de culture et éloignée de toutes tes aspirations mais tu préférais ne pas en parler. Le colonialisme est une saloperie, je le sais depuis toujours. Depuis la lecture du livre d'Andrée Viollis *Indochine S.O.S.* La guerre d'Algérie devait mettre fin à cette conquête immonde dans laquelle les tiens se sont illustrés. Je n'ai pas signé le manifeste des 121, malgré l'insistance de Jean-Paul Faure, tu le sais, pour continuer à aller te voir tous les jours au Val-de-Grâce. Je l'ai toujours regretté. Cela pour te dire que mes convictions sortent renforcées de ce voyage en Espagne et mon admiration pour la culture arabe grandie. Après, ce fut l'horrible Inquisition et le catholicisme qui recouvrit toute l'Europe, comme un couvercle. Quand je pense qu'à Oran on appelait la médina le « village nègre » !

Tu ne peux imaginer la beauté de l'Alcazar, ce mélange de *gebs* et de zelliges, ces plafonds au *zouak* si raffiné. Quant aux jardins, ils sont célèbres. Fontaines, patios, seguias se succèdent. Tout cela est un enchantement et fait preuve en même temps d'une grande rigueur. Une fois de plus, j'aimerais que tu sois là. Mais c'est au Yves de ma jeunesse que je m'adresse, à celui prêt à tout, mobile, intelligent, brillant, libre de tout aimer, toujours disponible, qui savait admirer. Pas à celui que tu es devenu après que l'alcool et la drogue eurent dispersé tes ressources avant de se les partager. Pas celui des dernières années au cours desquelles tu t'étais réfugié dans un personnage bougon, fermé, triste, sans joie et sans désirs. Ce personnage qui te ressemblait si peu et dont tu fis une armure pour te protéger de la vie et des autres, je ne l'ai pas aimé. Mais je t'aimais, donc je l'ai accepté et, une fois de plus, je t'ai aidé à le jouer. Je n'ai jamais pu me mettre en travers de ta route. J'ai pris l'habitude de partager avec d'autres mes émotions et de te tenir à l'écart d'une vie qui ne t'intéressait plus. Crois-moi, je ne t'écris pas cela sans chagrin. J'ai toujours pensé que tu souffrais beaucoup. Tu le disais et je le croyais. Le crépuscule de tristesse qui était descendu sur ton visage les dernières années était insupportable, pourtant il fallait bien faire avec et faire semblant de l'ignorer. Elle était là, présente à chaque instant et rien ne la dissipait. Cette mélancolie, cette bile noire qui te rongeait atteignait ceux qui t'approchaient, mais les autres t'intéressaient de si loin que tu ne le remarquais pas. Chacun débordait d'efforts sinon pour te distraire, du moins pour te faire participer si peu que ce soit à la vie. La vie bête de chaque jour. Même cela, tu ne le pouvais pas. Tu avais trouvé refuge dans une boulimie et une gourmandise incroyables. Toi qui avais été, et à juste titre, si fier de ton corps, tu t'étais mis à le haïr au point de le déformer. « Je suis devenu un monstre », me disais-tu et c'était vrai. Le masochisme avec lequel tu avais joué avec tant d'adresse avait pris sa revanche. C'est lui à coup sûr qui t'a fait te détruire pendant tant d'années. D'abord l'alcool et la drogue, ensuite la nourriture. La nourriture, j'ai toujours su que, pour une large part, c'était dirigé contre moi. Une manière de me dire « tu m'as enlevé et la drogue et l'alcool, je vais me venger ». Ce que tu ne savais pas, c'est que le premier atteint allait être toi. Tu étais enfantin, aussi avais-tu des stratégies enfantines. Je t'aimais pour ça aussi.

13 avril 2009

Ce matin, je pensais à toi et je me disais que ma vie tout entière à tes côtés s'est passée à te préserver de tout. Une chose allait-elle te perturber, je ne parle même pas d'événements graves, on te la cachait. Sans se l'être dit, à la maison de couture chacun agissait de même. Dans ta famille également. Nous étions à Marrakech quand ta grand-mère est morte, ta mère et tes sœurs n'ont pas voulu que je te le dise. Tu ne l'as appris qu'à ton retour à Paris. Des exemples de la sorte, il y en a plein. Le dernier fut ta mort, ton glioblastome que tu ignoras jusqu'à la fin. Fallait-il te le dire ? Ma réponse fut non, bien entendu. Tes affaires étaient en ordre, ton testament déposé chez un notaire, il n'y avait aucune raison de te le révéler. Les médecins furent d'accord avec moi puisqu'ils savaient que tu n'aurais pas pu supporter cette annonce. Tu n'en avais ni le courage ni les forces psychiques. Jamais tu ne nous as posé la moindre question, ni à Philippe ni à moi. Tu as cru jusqu'au bout que tu souffrais des séquelles des chutes que tu avais faites à Tanger. Il faut dire que tu n'y étais pas allé de main morte : à trois reprises tu es tombé dans le même escalier de pierre et chaque fois tu es sorti de l'hôpital avec huit points de suture. C'est d'ailleurs à l'hôpital que je t'ai trouvé lorsque je suis venu te rejoindre. Ce fut donc facile de mettre tous tes troubles sur le compte de ces chutes. C'est ce que te dirent les médecins, c'est ce que je t'ai dit, c'est ce que tu as cru. Tu l'as cru j'en suis sûr car, à moi, tu n'aurais pas caché tes craintes et tes angoisses. Au contraire. Tu mourus simplement un dimanche à la fin de la journée.

Oui, je t'ai protégé de toi-même. Parfois trop? C'est ce que prétendent certains, y compris quelques amis. Mais savent-ils et que savaient-ils? Peu de choses en fait. Savent-ils qu'à New York tu as voulu te jeter d'une fenêtre de l'hôtel Pierre et que j'ai failli lâcher prise tellement tu t'étais engagé au-dehors? Une autre fois à Anvers? Savent-ils qu'un jour tu t'es précipité sous les roues d'un car de police qui t'a évité de justesse et que les flics, descendus en hâte, t'ont copieusement engueulé et m'ont conseillé d'aller te faire soigner? Il y a eu tant d'autres fois! Ce rôle, je le sais, m'allait comme un gant. Le tien t'allait bien aussi. Tu avais décidé d'être l'amant de la mort.

J'ai pensé qu'il fallait dire une messe pour le premier anniversaire de ta mort. Je me demandais que faire, je me suis rappelé que l'année dernière il y avait tant de gens qui n'avaient pu entrer dans l'église à cause de la sécurité du président de la République que ce serait une manière de les remercier.

Ce matin, dans une église de la plaine sévillane, j'ai allumé un cierge pour toi. Quand je dis pour toi, c'est une manière de m'exprimer, je devrais dire à ta place puisque tu sais que je suis complètement agnostique. J'ajoute que le comportement du pape me rendrait facilement anticlérical, mais tu mettais des cierges pour ta grand-mère, pour le succès de tes collections, pour Moujik, pour toi et peut-être pour moi, si bien que ça ne m'a rien coûté de le faire. Je l'avais déjà fait dans le passé, même si je ne te l'avais pas dit.

14 avril 2009

Beau paysage par la route qui mène de Séville à Tolède. Tolède, ville arabe, juive, catholique. Les catholiques ont, disent-ils, tout préservé, en fait ils ont tout détruit et d'une certaine manière humilié les Arabes en construisant des églises, des cathé-drales au milieu des mosquées.

Zurbarán domine largement toute la peinture espagnole. La distance qu'il prend avec son sujet est remarquable. Les autres peintres ont une empathie avec le leur, lui, aucune. Son pinceau se faufile seul sur la toile. Ni son cœur ni son esprit ne semblent participer. Et pourtant! La retenue aristocratique qui est la sienne est phénoménale. Je ne connais aucun autre peintre dont je pourrais dire cela. Tu aimais la peinture, ô combien, mais à mes yeux tu étais trop encombré par le sujet. *Le Marin* de Matisse que tu n'as pas voulu acheter dans une vente à Zurich, tu ne l'aimais pas et je n'ai pas su pourquoi. J'ai eu tort de t'écouter. Je l'ai regretté ce tableau et je le regrette encore. Aujourd'hui, je suis trop vieux pour commencer une collection. C'est dommage car, si le temps ne m'était pas mesuré, je sais que j'en ferais une à nouveau. Tu me demanderas d'où je tiens cette certitude, je ne le sais pas mais elle est ancrée en moi. Je ne sais pas non plus d'où me vient ce goût car rien ne m'y prédisposait. Ma famille ne s'intéressait à aucune forme d'art, n'y connaissait rien, était entourée de meubles, de tableaux et d'objets hideux. Enfant, je me réfugiais dans les livres et lorsque j'allais dans un musée je ne ressentais pas grand-chose. Que s'est-il passé? Peut-être ma rencontre avec Buffet fut-elle déterminante. Je ne saurais le dire. En tout cas, un jour, comme on rencontre la foi, comme on s'aperçoit qu'on parle une langue étrangère, j'ai su que je savais. C'est à ce moment que je t'ai rencontré. J'ai toujours pensé que ce n'était pas fortuit. Tu m'as écouté, tu m'as fait une confiance aveugle, comme en tout, tu m'as permis d'aiguiser mon regard, d'affûter mon goût et, plus que tout, de me trouver car c'est bien là que je me suis trouvé. Dans les objets et surtout la peinture. C'est étrange, car si je ne suis pas un écrivain j'ai écrit quelques livres, si je ne suis pas un musicien j'ai joué du violon, je peux lire une partition. En revanche, je n'ai jamais appris ni à peindre ni à dessiner. Pourtant, c'est l'art qui me touche le plus, celui qui m'est indispensable, que je connais le micux, qui me rend le plus heureux. Souvent j'ai regretté de n'avoir pas suivi des cours d'histoire de l'art. Cela aurait-il changé quelque chose? Je n'aurais ni mieux ni moins aimé la peinture. Je déteste la culture didactique et tout ce qui lui ressemble. Pour aimer il faut avoir tout oublié, c'est ce que je n'ai cessé de faire.

15 avril 2009

Arrivée à Grenade par un temps médiocre et froid. Les nuages noirs se confondent avec les montagnes. Te souviens-tu de certaines Pâques glacées à Marrakech? C'était il y a longtemps, nous avions invité des amis qui, étrangement, nous ont quittés pour visiter le Sud marocain. Nous n'avions rien à faire et nous avons passé le temps à faire l'amour. Comme ils étaient gentils et beaux ces garçons marocains! Ils jouaient tous au football, avaient le corps musclé. On avait avec eux des rapports qui ne sentaient ni l'argent ni la vulgarité. Il ne s'agissait pas de tourisme sexuel que nous avons toujours réprouvé comme nous méprisions ceux qui profitaient de la pauvreté et de la misère. Souvent, après l'amour certains racontaient leur pays, leur religion, leur culture. Tous étaient fiers d'être marocains. Il y avait des Arabes, il y avait aussi des Berbères aux paupières pastel. C'était encore le temps du vieux Maroc qui n'avait pas été envahi par les jets, ignorait les marques de luxe et ne connaissait même pas ton nom.

16 avril 2009

Ce matin, visite de l'Alhambra et des fameux jardins du Généralife. J'étais déjà venu il y a une quinzaine d'années. Tout était comme dans mon souvenir : admirable. Ce soir nous sommes arrivés à Gibraltar. Depuis que nous avons une maison à Tanger j'ai voulu connaître ce rocher. Quel étrange endroit ! Tout est anglais, la langue et la monnaie, mais en même temps espagnol. Cela a dû être très beau avant que les promoteurs immobiliers ne s'en emparent. Le journal local, *Gibraltar Chronicle*, rapporte qu'un homosexuel a été tué par son mari. « *Killed by his husband.* » En Espagne le mariage homosexuel est légal. Dans ce cas, le mot mari ou *husband* me surprend toujours. N'y aurait-il que des maris ? Je n'aurais pas aimé en avoir un. Mystère de la sémantique. Nous nous sommes pacsés avec légèreté et gravité. Qu'avions-nous besoin de ça après tant d'années de vie commune ? Pourtant j'ai été ému lorsque tu m'as dit quelques jours plus tard que tu étais content de ce pacs mais, as-tu ajouté, ça ne change rien. De fait, ça ne changeait rien car, pacsés, ne l'étions-nous pas depuis le premier jour ? C'est bien un pacte que nous avons fait quand nous nous sommes rencontrés. Comme les adolescents romantiques qui frottent leur bras sur celui de l'autre après l'avoir entaillé pour que leurs sangs s'écoulent et se mélangent. Je te revois lorsque tu es venu m'attendre à Orly où j'arrivais de Marseille. Je venais de quitter Bernard. Tu étais si mince, si jeune, si beau, si timide, si lumineux que j'ai su que j'avais raison, que nous avions raison, que la vie allait s'ouvrir devant nous. J'ignorais, et toi aussi, quelle vie nous attendait, de quoi elle serait faite, mais j'étais certain que nous la ferions ensemble. C'est ce qui s'est passé. Je ne te dirai jamais assez combien ton abandon m'a ému. C'est bien de cela qu'il s'agit : tu t'es abandonné à moi. Si tu savais combien je mesure la confiance que tu m'as faite pendant toutes ces années au cours desquelles tu m'as laissé décider de tout, sans jamais me demander ni comptes ni explications. Cette foi aveugle me bouleverse au moment même où je t'écris. C'est la plus belle preuve d'amour qu'on puisse donner. Et, quoi qu'il se soit passé, ce pacte n'a jamais été remis en question.

Cette gloire qui fut la tienne, je l'ai voulue même avant ta première collection rue Spontini. Je l'ai voulue et tu l'as atteinte. Mais, ne nous y trompons pas, si je préparais les munitions, les vivres et les troupes, c'est toi qui menais la bataille, c'est toi qui tel un général d'Empire nous menais de victoire en victoire. C'est toi, toujours toi, qui engageais tes forces tout entières dans le combat et qui en revenais le front ceint de lauriers. Ah ! ces victoires, comme je les ai aimées. Comme je l'ai vue arriver, la gloire, et te brandir à bout de bras pour te montrer au monde et ne plus te lâcher. C'était le temps de l'audace et de l'insolence, c'était le temps de notre jeunesse. Les Beatles venaient de Liverpool, Nureev de Moscou, Godard de Suisse et toi d'Oran. Nous n'avions pas d'argent et nous ne l'aimions pas. Surtout, nous ne le respections pas. Lorsque nous en avons eu, ça n'a rien changé. Il n'y a que toi et moi qui sachions la vérité sur ce sujet. Comme sur beaucoup d'autres. Tout l'or du monde ne vaut pas la vie d'un chien, m'avait dit ma mère lorsque j'étais enfant. Je n'ai jamais oublié cette phrase même si l'or et la vie d'un chien n'ont pas grand-chose à faire ensemble. Ce n'est pas à toi que je vais parler de chiens ni de l'amour immodéré, parfois ridicule, que tu leur portais. Je sais que pour ton chien tu aurais donné tout l'or du monde.

17 avril 2009

Je suis à Marrakech et une fois de plus émerveillé par le travail que réalise Madison depuis plusieurs années déjà dans le jardin Majorelle. Beau et surtout juste. Les pots que tu avais peints de couleurs inattendues circulent le long des allées. Après les incomparables jardins andalous, le nôtre pourrait me décevoir, ce n'est pas le cas. Certes, il ne leur ressemble pas, mais ils ont en commun d'être nés sous le soleil et de se partager des bougainvillées, des amaryllis et des cactus.

18 avril 2009

Journée passée avec divers entrepreneurs puis avec Christophe Martin que j'ai chargé de rénover le musée. Il a un beau projet, malheureusement il faudra fermer le musée plusieurs mois. Mais qu'importe. Cette année il faut compter avec le ramadan qui tombe le 15 août et qui va tout bloquer pendant des semaines. Te souviens-tu que nous sommes arrivés à Marrakech sans le savoir le jour de l'Aïd, étonnés que la femme de ménage, Majouba, ne soit pas là pour nous accueillir? Depuis, nous avons vécu plusieurs périodes de ramadan et avons appris les coutumes de l'islam. Qu'elle était jolie, cette maison, avec ses deux patios, son bassin de zelliges qui nous tenait lieu de piscine (avec beaucoup d'imagination) et nous a permis de passer plusieurs mois d'août sans trop souffrir de la chaleur! On dormait le jour en profitant tant bien que mal des courants d'air. On faisait l'amour.

24 avril 2009

Yves, mon Yves, je ne t'ai pas écrit depuis mon retour à Paris. Je retourne à Marrakech pour le mariage de la petite-fille de Marella. J'y passerai toute la semaine. J'ai commencé à apporter des meubles rue Bonaparte. Beaucoup viennent de la rue de Babylone dont le « canapé Chanel » que tu avais fait faire pour le petit salon, l'oiseau sénoufo, les torchères et les colonnes de marbre de la salle à manger, le médaillon de Louis XIV que j'avais dans l'île Saint-Louis. J'ai acheté un paravent de Coromandel beige, XVIIᵉ, sur lequel on voit un chevreuil et une biche se reposer sous les pins. Jacques Grange m'a donné de précieux conseils. Grâce à lui j'ai placé cette table en verre qui venait de chez Chanel. Un seul tableau : le Chirico qui fut la première toile que nous ayons acquise et que je n'ai pas mise en vente à cause des difficultés soulevées par le comité Chirico.

On a pu, avec les cinq paires de rideaux en daim de la bibliothèque, en faire deux pour le salon. Ça me plaît beaucoup et je suis sûr que tu aimerais. J'ai voulu une atmosphère à la Gérard Mille et je crois l'avoir trouvée grâce en partie à Jacques.

Tu n'imagines pas comme je suis rassuré de vivre au milieu de ces choses qui nous ont appartenu, que j'ai connues pendant tant d'années, qui me parlent de toi. Les deux pyramides en cristal de roche qui se trouvaient, elles aussi, dans l'île Saint-Louis, qui avaient appartenu à Misia Sert sont là également. Te rappelles-tu combien tu les aimais ?

En rangeant des papiers, j'ai relu cette lettre de toi que tu m'avais adressée le jour de ton exposition « Voyages extraordinaires ». J'ai achevé sa lecture en larmes. C'est une déclaration d'amour comme tu en faisais parfois. Tu l'as signée, cette lettre : « Ton Yves de toujours et pour toujours. » C'était en 2006, deux ans avant ta mort. Ce sont des choses presque impossibles à dire, à la limite du mélo, pourtant dès le premier jour nous avons su, toi et moi, que c'était pour toujours. C'est ce que dit ta lettre. Cette chanson de Jacques Brel, les *Vieux amants,* qui a résonné dans l'église Saint-Roch le jour de tes obsèques ne dit rien d'autre. C'est pour cela que je l'ai voulue. Oui, nous avons traversé des orages et connu des naufrages mais nous n'avons jamais douté de ce toujours. Une fois, tu le sais, j'ai failli te quitter pour Madison. Je ne l'ai pas fait à cause de ce toujours. Ce toujours qui m'a fait recueillir ton dernier souffle et te fermer les yeux. Ce toujours auquel j'ai été fidèle même si le prix fut parfois cher à payer. Avec toi, Madison reste l'histoire la plus importante de ma vie. Il est arrivé à un moment où tu allais mal, où j'allais mal, où l'alcool et la drogue s'étaient emparés de toi et ne te lâchaient plus. Rien n'y faisait, ni les cures de désintoxication, ni les médecins, ni les psychiatres, ni les psychanalystes, ni moi. C'était l'époque où je ne savais plus quoi inventer, où le mensonge était notre lot quotidien puisqu'il fallait feindre, dissimuler, ne rien révéler. L'époque où on ne savait pas si tu pourrais faire ta prochaine collection, l'époque où nous sommes passés près du précipice, guettés par la rumeur, par la presse. Mais le destin veillait, qui jusqu'au bout t'a permis d'éviter le pire. C'est à ce moment que Madison est arrivé. Je lui dois probablement d'avoir pu affronter la tempête. Il m'a apporté ce que j'attendais : sa jeunesse, sa culture, son courage, son intégrité, son amour. Tu l'as aimé, détesté, puis aimé à nouveau. L'admiration et l'affection qu'il te portait parlaient pour lui et témoignaient de sa qualité. Aujourd'hui, les années ont passé. Lorsqu'il est revenu, tu n'avais plus rien à craindre et tu as compris que j'avais trouvé en lui ce que personne d'autre n'aurait pu me donner : une relation unique débarrassée des démons de la jalousie, construite sur la certitude. Je te remercie de l'avoir su. Le temps de la guerre était passé, celui de la paix était survenu.

25 avril 2009

Très beau mariage de la petite-fille de Marella. Dîner hier dans un riad près de Mouassine, aujourd'hui déjeuner, après la messe dans l'église de Marrakech, dans le sublime jardin fait par Madison. Tu aurais beaucoup aimé. Plus de cent invités placés autour de tables dressées sur le gazon sous les arbres fruitiers. Les abricots déjà lourds de fruits, les amandiers tout garnis, c'est un endroit magique, un des plus beaux que je connaisse. Ni les abricots ni les amandes n'étaient mûrs mais ça ne saurait tarder tellement, tu le sais, le printemps commence tôt ici. Je suis allé comme chaque fois me recueillir sur ton mémorial. J'étais seul et j'ai eu le cœur serré en pensant à cet anniversaire qui va arriver le 1er juin. Tu es né le 1er août, tu devais mourir le premier d'un autre mois. Ce matin j'ai été réveillé très tôt par les oiseaux qui accueillaient bruyamment l'aurore. J'ai pensé à Dar el Hanch où les coqs, t'en souviens-tu, se répondaient au milieu de la nuit; le melia secouait ses fleurs bleues, le bruit de la fontaine nous accompagnait dans le sommeil. C'est à cette époque que nous avons découvert le jardin Majorelle, nous ne savions pas qu'un jour il serait nôtre, même si nous y allions tous les jours. Il n'y avait personne alors, c'était mystérieux, secret, abandonné. Le soir, le vent se levait comme souvent à Marrakech, sifflait à travers les palmiers, effeuillait les bougainvillées. C'est de là que date notre attachement à ce jardin. Plus tard, quand des promoteurs immobiliers ont voulu le détruire, nous avons tout fait pour les en empêcher et nous l'avons acheté. Aujourd'hui plus de 600 000 visiteurs y viennent chaque année, je crois que nous pouvons être fiers.

28 avril 2009

« Que sont mes amis devenus, je crois le vent les a ôtés. » Rutebeuf, tu t'en souviens ? Combien de fois t'es-tu plaint de ta solitude ? Mais ce n'est pas le vent qui les a ôtés, tes amis, c'est toi. Toi qui t'es refusé à les voir. Pourtant je les aime, me disais-tu, mais je ne peux pas. Ceux dont je parle, qui liront ces lignes, comprendront mais, pour la plupart, ils n'auront pas besoin de ce témoignage. Au questionnaire de Proust, à la question « quel est le comble du malheur », tu as répondu « la solitude ». Savais-tu alors que la solitude allait t'accompagner avec une fidélité sans faille jusqu'au bout de ta vie, que l'espace autour de toi allait se rétrécir, l'air se faire rare, la nuit tomber de plus en plus tôt ? Comme dans *Henri IV* de Pirandello, ceux qui t'entouraient, et moi le premier, avions appris notre texte par cœur, le récitions avec pour seule récompense l'espoir de t'avoir arraché pour un temps aux griffes du malheur. Le rideau tombé, on se retrouvait sans forces, épuisé comme si on avait ramené sur la plage un nageur qui coulait. Tu coulais tous les jours. Il n'y avait plus grand monde pour aller à ton secours. Ta maison de couture fut ta dernière bouée de sauvetage, aussi depuis sa perte ne savais-tu plus ni à qui ni à quoi te raccrocher. Peux-tu imaginer comme je souffrais alors, impuissant, quand tu te débattais contre les moulins à vent. Tu as eu la chance de rencontrer Philippe qui t'a accompagné, protégé à son tour. Ainsi, tu n'étais plus seul, enfin pas vraiment, et moi j'étais rassuré, même si je savais qu'au moindre faux pas tu m'appellerais. C'était notre code, notre pacte. Tu l'as fait chaque fois, et chaque fois je suis accouru. C'est toi qui me fermeras les yeux, m'avais-tu dit à plusieurs reprises. Tu aimais les formules. Je te les ai fermés. Je ne savais pas que ce serait difficile, qu'ils refuseraient de rester clos. C'est un infirmier qui a placé une compresse sur chacun. Il était 23 h 12.

30 avril 2009

Ce matin j'apprends une nouvelle qui me bouleverse et m'enchante : le manuscrit de *Madame*

Bovary est disponible sur le Net. C'est l'événement le plus stupéfiant depuis qu'on a marché sur la Lune. *Bovary*, le chef-d'œuvre des chefs-d'œuvre, le manuscrit sur lequel Flaubert confronte son martyre et son génie, ses ratures, ses repentirs, ses pages entières balafrées de cicatrices noires, ce travail d'horloger et de bœuf de labour peut donc être admiré, ausculté par des millions de gens à travers le monde ! Je te vois sourire et je t'entends me dire : « Arrête avec Flaubert, tu deviens fou. » Fou, oui, d'admiration. Déjà que je ne peux pas regarder le manuscrit du plan de *L'Éducation* qui est dans ma bibliothèque sans trembler, alors *Bovary* ! Je suis heureux de vivre à cette époque, d'assister à de pareils bouleversements. Comme je hais la nostalgie et comme je l'aime cette époque qui ouvre les portes du futur, qui a raccourci l'espace, qui permet d'aller en quelques heures au bout du monde, de téléphoner de n'importe où, d'envoyer et de recevoir des e-mails, qui a placé la culture à un rang jamais atteint, à la science de faire des pas de géant ! Je suis triste de devoir la quitter un jour, j'aimerais tant voir ce qui va survenir.

Toi, tu aimais les souvenirs, ils te protégeaient, croyais-tu, pourtant c'est quand tu as accompagné ton époque au plus près que tu as été le mieux. N'oublie pas que tu as inventé le prêt-à-porter et rien que cela devrait te valoir une gloire éternelle. C'est difficile à croire de nos jours qu'avant toi il n'y avait pas de prêt-à-porter, pourtant c'est vrai. Tu as créé la tenue de la femme moderne ; partout dans le monde ton influence est manifeste : les femmes en pantalon sont légion — quand je pense qu'un jour à New York nous n'avons pas pu déjeuner parce que Betty qui nous accompagnait portait des pantalons et que tous les restaurants nous ont refusé l'entrée ! Sans parler du reste que tu connais aussi bien que moi. Tu peux être fier de toi. Te souviens-tu de la fois où Chanel m'a offert de diriger sa maison ? J'en parle parfois avec Claude Delay. « C'est très bien Saint Laurent mais vous n'allez pas hésiter entre une maison de couture et un empire. » Je n'ai pas hésité, pas une seconde, je lui ai envoyé des fleurs, blanches, comme elle les aimait. Ce qu'elle n'avait pas mesuré c'est qu'au-delà de la maison de couture il y avait toi et que je t'aimais. Elle t'a quand même désigné comme son successeur et tu le fus, ô combien ! « Ne me dites pas que Balenciaga a du talent, pas vous ! D'ailleurs j'en ai assez de ces tapettes qui font des robes. » Te plaçait-elle dans cette catégorie ? Je ne l'ai jamais su. J'ai cessé de la voir car elle était devenue très méchante, qu'on ne pouvait pas la contredire ni défendre les amis qu'elle atta-

78

quait, ce qui est la position la plus humiliante. Je l'ai beaucoup admirée. Tu as poursuivi son œuvre mais tu es allé plus loin. Je me suis souvent demandé si tu savais que ton plus grand mérite était d'avoir quitté le territoire esthétique pour le territoire social. Si Chanel a donné, comme on dit, la liberté aux femmes, tu leur as donné le pouvoir. Tu avais bien compris que le pouvoir était détenu par les hommes et qu'en faisant passer leurs vêtements sur les épaules des femmes tu leur donnais, à elles, le pouvoir. C'est ce que tu as fait : le smoking, la saharienne, le tailleur-pantalon, le caban, le trench-coat en témoignent. Pas la moindre trace d'androgynie. Chacun chez soi. Habillées de la sorte, les femmes développaient leur féminité, dégageaient un trouble érotique. C'est pour cela, Yves, que tu as été avec Chanel le seul couturier de génie. Les autres, même les plus grands, Dior, Balenciaga, Schiaparelli ont campé dans leur panthéon esthétique, ils n'ont pas sauté le pas. Tu le disais, la mode serait une chose bien ennuyeuse si elle ne servait qu'à vêtir les femmes riches. C'est bien pour cela que tu as inventé le prêt-à-porter, que tu as révolutionné l'univers de la mode. Bravo Monsieur Saint Laurent.

8 mai 2009

Je suis de retour à Paris. Je voulais t'écrire plus tôt, tout s'est ligué contre ça. Jours fériés du mois de mai! Quand arrêtera-t-on ces commémorations indécentes à l'heure de l'Europe? À Marrakech un Français m'a dit que le couple que nous formions, toi et moi, l'avait aidé à accepter son homosexualité et à la vivre. Ce n'est pas la première fois qu'on me le dit. Déjà Jean-Paul Gaultier m'avait parlé en ces termes. Chaque fois je suis heureux, même, tu le sais, si je suis opposé à tout communautarisme, à tous ces ghettos comme le quartier du Marais où tout le monde est pédé, le boucher, le teinturier, le boulanger. Je regarde avec stupeur ces rues sans femmes. C'est pour moi aussi étrange que les Juifs qui ne veulent vivre qu'avec les Juifs et les Arabes qu'avec les Arabes. Ce n'est sûrement pas cela que ceux qui ont lutté contre le racisme, l'homophobie, l'antisémitisme ont voulu. En tout cas pas moi. Notre sexualité, nous ne l'avons jamais cachée ni exhibée. Il n'y a pas de honte à avoir, ni de fierté à en tirer même s'il existe la Marche des fiertés. Cela dit, je comprends de quoi il s'agit : la fierté d'avoir gagné le droit d'être homosexuel. Mais n'en faisons pas tout un plat. Si nous avons, toi et moi, vécu d'une façon normale c'est parce que notre sexualité l'était et que nous n'avions pas le choix. C'est assez indigne de dire que les homosexuels assument un choix. Je sais bien le rôle que j'ai joué : lorsque je t'ai connu, tu avais vingt et un ans et tu n'avais jamais vécu avec un homme. Ça n'était pas facile mais je t'ai montré que ça pouvait l'être, qu'il fallait seulement être honnête. Cependant, je n'oublie pas tous ceux qui ne peuvent pas vivre au grand jour, qui sont obligés de se cacher, de dissimuler pour des raisons sociales, familiales, profession-nelles. C'est pour eux que je me suis engagé dans ce combat pour la défense de l'homosexualité. Nous, nous n'en avions pas besoin, nous avons eu de la chance. Je t'ai déjà parlé de la lettre que ma mère m'a adressée lorsque j'avais dix-huit ans, alors que j'avais quitté La Rochelle pour venir à Paris. Je l'ai perdue, cette lettre, mais je ne l'ai pas oubliée. Après m'avoir donné des nouvelles diverses, ma mère ajoutait : « Je veux maintenant te parler de ton homosexualité. Tu sais que rien ne me choque et que je souhaite avant tout que tu sois heureux, mais tes fréquentations m'inquiètent et, si tu étais homosexuel par snobisme ou par arrivisme, sache que je te désapprouverais. » Je n'étais ni snob ni arriviste et j'ai suivi la route que j'avais empruntée sans savoir où elle me mènerait. Un jour elle m'a mené jusqu'à toi.

9 mai 2009

Cette nuit j'ai rêvé que nous partions en voiture à cheval derrière le mont Canisy, pourtant tu n'es pas venu souvent avec moi. Tu t'ennuyais. J'avais beau te dire que c'était merveilleux de voir la campagne défiler lentement, tu ne m'accompagnais pas. J'ai aimé cette époque et j'ai aimé les chevaux. J'aurais voulu être un excellent meneur, ce que je n'étais pas, participer à des concours et, pourquoi pas, les gagner. Aujourd'hui, quand je vois dans les journaux des photos d'attelages, j'éprouve des regrets. J'ai vendu les voitures et les chevaux. Je me souviens des leçons que j'avais prises chez un professionnel, allemand comme les voitures, qui me parlait de lipizzans, les chevaux de Louis II de Bavière. Je n'étais pas un assez bon meneur pour avoir un tel équipage mais j'ai passé des heures merveilleuses à parcourir au pas et au trot la campagne normande. Le reste du rêve, Yves, je ne m'en souviens pas, je sais seulement que nous étions assis côte à côte, que nous montions vers le chemin de Touques. J'ai conservé le cygne en biscuit que tu avais acheté à la boutique du château de Neuschwanstein ainsi que la photo de Sissi. Tu avais appris de Marie-Laure de Noailles l'art de mélanger des objets de pacotille, voire des cartes postales, aux tableaux de maître. Peu de gens comprenaient. En tout cas pas la plupart de ceux qui ont visité la rue de Babylone avant la vente. Toute ta sensibilité et ton goût sont dans ce morceau de porcelaine sans valeur. Que de fois sommes-nous allés visiter ces châteaux ! Chaque fois la magie opérait. Le pavillon marocain de Linderhof, la chapelle de Neuschwanstein, la galerie des glaces de Herrenchiemsee, nous connaissions tout par cœur, comme nous connaissions la vie de Louis II dans les moindres détails, sa vie et sa mort. Combien de fois avons-nous parlé de cette première représentation de *Tristan et Isolde* en 1865 ? Le roi seul dans le théâtre vide, le frère et la sœur Carolsfeld mourant l'un et l'autre après avoir bu le philtre tendu par Brangaine.

10 mai 2009

Je viens de retrouver un texte que j'avais écrit après avoir lu Rimbaud : « La main à la plume vaut la main à la charrue. » Je te l'adresse, il tiendra lieu de lettre. Après tout, là encore, c'est de moi que je parle :

« Ce vieux rêve tant de fois approché, tant de fois évité. Tous ces mots qui vont s'aligner comme des ennemis et que je vais devoir combattre et vaincre les uns après les autres sous peine de succomber sous le poids du nombre. La partie déjà me semble inégale, une plume contre tant d'adversaires! Sans compter tous les autres qui se cachent à présent, qui s'apprêtent à surgir. Ils n'attendent que ça. Ils sont sûrs de m'avoir. Ils me guettent, m'épient, prennent leur temps. Du temps, justement, je n'en ai pas. J'en ai tellement perdu qu'il m'en reste peu, je ne vais pas jouer au prodige, faire le généreux, le gaspilleur. Je dois organiser ma défense, me protéger, préparer mon offensive. Je ne peux pas me payer le luxe d'attaquer de front, il y a trop de risques, et je n'ai pas de troupes de rechange, je suis seul et ne peux compter que sur ma vigilance. Je les connais ces ennemis-là, il y a un bout de temps qu'on se renifle, qu'on se défie, qu'on se mesure. Au début c'est facile, les mots, car c'est d'eux qu'il s'agit, font semblant de se laisser faire, ils obéissent et se rangent dans l'ordre voulu mais, tout à coup, allez savoir pourquoi, ils se révoltent, partent dans tous les sens, refusent de s'aligner et, tel un cheval devant une voie ferrée, s'arrêtent pile, immobiles, pétrifiés. Je sais de quoi je parle. Combien de fois ai-je dû rebrousser chemin ? Je ne les compte plus. Les malins, je les connais, j'en ai assez vu depuis que je patrouille sur les frontières de l'écriture. Les malins évitent les voies ferrées, mènent soigneusement leur petit équipage de mots astiqués comme un sou neuf, lui font parcourir les cent cinquante pages suffisantes pour ne pas être ridicules et le ramènent dans un petit trot de conclusion à l'écurie paisible où l'attend le lecteur. Je n'apprécie guère ce genre de promenade, c'est hygiénique assurément, les enfants peuvent s'y joindre. Avec ces malins dont je parle, pas de risque de se geler les pieds dans la Berezina sous l'œil unique de Koutouzof, pas question d'aller au front. Avec eux, on reste au chaud, à l'abri. Pas de vraies batailles. Il n'y a ni victoire ni défaite, seulement une interminable guérilla sans nécessité ni urgence où s'affrontent dans des décors de carton-pâte des soldats de cinéma qui attendent la fin du film pour rentrer à la maison. »

Ce texte que je t'ai envoyé hier me concerne évidemment, mais il peut s'adresser à quiconque s'approche de la création, tu le sais mieux qu'un autre. La création est d'abord une lutte contre soi, ensuite contre tout et contre tous. Une lutte de tous les instants. Je ne crois pas aux génies paisibles qui attendent l'inspiration, les vrais sont des martyrs : Flaubert, Proust, Tolstoï, Joyce, Céline, Genet. Je n'ai cité que des écrivains mais il y en a d'autres, des peintres, des musiciens, des philosophes et parfois des couturiers, même si la mode n'est pas un art. Je peux témoigner que tu fus un des martyrs dont je parle, que ta vie tout entière ne fut que terreur et angoisse même si je dois reconnaître que les années terribles furent les plus propices à la création. Baudelaire l'avait déjà dit. Comment les oublier, ces collections ? Celles que tu fis défiler sur des actes entiers de *Tosca* et de *Tristan et Isolde*. Collections de fou, collections sublimes. Ces années-là, tu devais les payer très cher et, puis-je te l'avouer, moi aussi. Un jour je suis parti, décidé à quitter la rue de Babylone. Tu as préféré que je reste et t'installer dans un studio où tu allais dormir et ramener des gigolos jusqu'au jour où tu m'as appelé en larmes pour venir te chercher et rentrer à la maison. Puis les démons sont revenus et je suis allé m'installer à l'hôtel. Oh, pas très loin, au Lutétia au bout de la rue de Babylone. Je ne pouvais pas mettre plus de distance entre nous. En fait, tu l'as compris, je n'ai jamais pu te quitter. Seule ta mort m'a délivré de mes terreurs, de mes inquiétudes, de ce téléphone qui nous reliait sans cesse d'un bout du monde à l'autre. Peut-être de ma névrose. Suis-je en paix pour autant ? Non, je traîne derrière moi de si longues habitudes, j'ai appris la patience, moi l'impatient, celle dont parla Joyce dans *Finnegans Wake* : « *Now patience ; and remember patience is the great thing, and above all things else we must avoid anything like being or becoming out of patience.* » Sache que chaque jour je me demande si tu aimerais voir ce coucher de soleil, la pluie qui s'écoule sur le tilleul de mon jardin. L'absence, c'est cela : ne pas pouvoir partager. Je me persuade que tu aurais aimé telle ou telle chose, par exemple *Macbeth* l'autre soir à l'Opéra Bastille parce que tu avais été fou de celui que nous avions vu à Salzbourg, dans les rochers, avec Grace Bumbry et Fischer-Dieskau. Souvent avant d'aller voir un spectacle tu me demandais : « Crois-tu que c'est pour moi ? » Ce *Macbeth* était pour toi.

15 mai 2009

T'avoir parlé de *Macbeth* m'a fait penser à tous ces opéras et pièces de théâtre que nous avons vus et que nous n'avons pas oubliés. Comment oublier ? Comment oublier *Le Roi Lear* de Peter Brook, *Faust* de Grüber, *Toller* et *Les Contes d'Hoffmann* de Chéreau, tant de spectacles de Bob Wilson, *La Bonne Âme du Se-Tchouan* et *L'Illusion comique* de Strehler, *Don Giovanni* d'Haneke, les Molière de Vitez, *Saint François d'Assise* de Peter Sellars, *La Cerisaie* de Brook ? J'en oublie tellement ! Le théâtre et l'opéra ont fait partie de notre vie. Ils la nourrissaient.

16 mai 2009

Les peintres sont partis et je peux à nouveau profiter de la rue Bonaparte, de ces meubles et de ces objets qui nous ont appartenu.

17 mai 2009

Plus on approche du 1er juin, plus je suis angoissé. Il y aura une messe à Saint-Roch et une

autre à Marrakech. Il faut que je t'aime pour organiser ces messes, moi l'athée d'origine protestante.
C'est avant tout un moyen de réunir ceux qui
t'aimaient et ceux qui ne te connaissaient pas. Je
viens d'écouter la pianiste russe Yudina, excep-
tionnelle dans l'opus 111 de Beethoven. Je ne suis
pas étonné que Richter lui ait voué une telle admiration. Le deuxième mouvement est très impres-
sionnant mais c'est dans le premier que tout se
joue, Yudina installe son jeu de main de maître. Je
rêve d'avoir un iPod réservé à l'opus 111, j'en pos-
sède de nombreuses versions, mais pas toutes. Une
fois, t'en souviens-tu, j'en avais placé une dans
une collection, je ne sais plus qui la jouait.

20 mai 2009

Tout à l'heure à la radio Callas chantait. Naturellement le piège à souvenirs s'est refermé. Nous
avons vu toutes les représentations de *Norma* dans
lesquelles Callas avait chanté à Paris, tu avais
frappé à coups de programme un type qui l'avait
sifflée. Nous avons donné un dîner pour elle. Il y
avait Sagan, Jeanne Moreau, Aragon (Aurélien
devant Rose Melrose). Hazel, ton chihuahua, lui
avait coupé un ongle parce qu'elle voulait le

prendre dans ses bras. Un soir, chez elle, nous avons écouté des disques, elle nous a donné des pirates que j'ai toujours. Quand elle s'écoutait chanter, elle se jugeait, faisait parfois la moue mais soulignait d'un sourire approbateur : « Ça, c'est pas mal. » Te souviens-tu lui avoir écrit après la première de ces *Norma* ? Lettre d'amour à Maria Callas. C'était le titre. Je ne sais pas où est cette lettre, j'aimerais bien la retrouver.

Nous avions invité Aragon pour lui faire rencontrer Michel Guy, alors secrétaire d'État à la Culture, qui, à ma demande, lui avait permis de demeurer rue de Varenne dans son appartement que l'État voulait récupérer. Lorsque je l'avais remercié, Michel m'avait dit : « C'est à moi que tu rends service. » J'avais compris qu'il permettait ainsi au président de la République de passer pour le protecteur d'un écrivain.

Lorsqu'elle est morte, j'étais à Athènes, le pays de ses origines. *Le Monde* publia un texte de toi. On a dit qu'elle était morte de chagrin d'avoir été abandonnée par Onassis. En fait, elle était morte depuis longtemps, depuis le jour où elle avait dû quitter la scène. On peut dire la même chose de toi. Rappelle-toi les paroles de Rilke : « La gloire est une somme de malentendus. »

22 mai 2009

À Marrakech comment ne pas penser à toi?
Ton souvenir s'accroche partout, ne veut pas
quitter la ville qui eut tant d'importance sur ta vie
et sur ton métier. C'est là, disais-tu, que tu as
découvert la couleur, ton chromatisme. Tu étais
ébloui par la tenue des femmes dans la rue, par les
caftans verts qui laissaient apparaître des dou-
blures safran, par les foulards bordés de franges de
jais mais aussi par les jacarandas et les melias bleus,
les hibiscus rouges, les clivias orange, les nym-
phéas nacrés. C'est là, j'en témoigne, que tu as été
le plus heureux. Que nous avons été le plus heureux.

1ᵉʳ juin 2009

J'ai mal dormi, je me suis réveillé avec l'image
de toi sur ton lit de mort. Je suis à Tanger, je
rentre tout à l'heure. Aujourd'hui c'est lundi de
Pentecôte, nous avons décidé de faire cette messe
demain, le 2 juin. Il y a une heure environ, alors
que je pensais à toi, Marc Ambrus m'a appris la
mort d'Éric Lamy, son ami, dans l'avion qui s'est

écrasé entre Rio de Janeiro et Paris. J'ai fondu en larmes. Je n'avais pas besoin de cette nouvelle le 1ᵉʳ juin. Je t'avais présenté ces deux garçons à Marrakech, nous prenions un verre dans le bar de l'hôtel où ils habitaient. Je les aimais beaucoup et mieux qu'un autre je peux comprendre la douleur de Marc. Il va la traîner longtemps, et sa vie ne sera pas facile, c'est une mort volée. Un an déjà, un an seulement. Je ne sais ce qu'il faut dire. Ce que je sais c'est que même si tu nous as quittés, tu ne m'as pas quitté. Je parle de toi avec Philippe et bien sûr avec Pierre. Avec qui d'autre le pourrais-je ? J'ai oublié de mentionner Madison qui est, de tous, celui qui te connaissait le mieux et qui t'admirait avec le plus de justesse et de raison. Parfois, je relis tes lettres et les cartes que tu m'envoyais avec des fleurs. J'ai beaucoup de peine à les relire et je n'aime pas pleurer, ce qui m'arrive chaque fois.

2 juin 2009

Ce matin à Saint-Roch il y avait plein de monde. Très belle musique, orchestre et chanteurs de belle tenue, Mozart seulement. Philippe a lu un psaume et moi un hommage que nos amis ont bien voulu aimer. Ce soir j'ai réuni ces mêmes amis pour dîner. C'était très réussi mais, tu le sais, la gaieté n'est pas le contraire de la tristesse. Je pense au crash de l'avion. 228 morts. Éric était malin, intelligent, vif. J'ai de la peine.

4 juin 2009

Réunion à Notre-Dame pour les victimes du crash dont je t'ai parlé. J'étais assis à côté de Marc et nous avons passé là des heures insoutenables. Toutes ces familles éplorées, détruites par le malheur, des parents qui ont perdu un fils ou une fille, des femmes jeunes accompagnées d'enfants secoués de sanglots. L'église entière était un champ de larmes. Rencontre dite œcuménique avec l'archevêque de Paris, le grand rabbin, un prêtre orthodoxe, un pasteur et un imam. Les athées obligés d'écouter des paroles auxquelles ils ne croient pas. Le président de la République française, président d'un État laïc, était là officiellement. Il y a vraiment quelque chose qui ne va pas chez nous, la laïcité fout le camp, remplacée par un consensus mou qui annonce des jours sans convictions. Et pendant ce temps l'islamisme s'oppose au monde libre, Israël à la Palestine et vice versa. Je ne peux que retrouver les élans de ma jeunesse lorsque je combattais le cléricalisme. Je sais, Yves, que ce sujet ne t'intéresse pas et que tu n'en mesures pas l'importance. Ces questions, tu ne te les posais jamais, tu avais la foi du char-bonnier et, si tu l'avais lu, Pascal t'aurait aisément convaincu que tu n'avais rien à perdre. Dommage! « La foi qui n'agit pas est-ce une foi sincère? » Racine parle d'une foi lucide, tu préférais l'aveugle, elle ne te dérangeait pas. C'est pour cela que j'ai du mal avec Pascal où tout est résolu par Dieu. Je l'aime uniquement parce qu'il est un écrivain, ce qui n'est pas rien.

*

Week-end à Tanger où tu as été sans cesse pré-sent avec Philippe, Madison et Moujik. Je crains que le dernier t'intéresse davantage que les deux autres, je devrais dire les trois car je me compte aussi. Ah, Yves, si tu t'étais préoccupé des autres autant que de ton chien, ta vie aurait été diffé-rente. Cette indifférence à l'autre m'avait beau-coup choqué quand nous nous sommes rencontrés. Après, je m'y suis fait, j'ai considéré que tu étais un handicapé qui ne pouvait pas emprunter le chemin qui mène aux autres. Les autres, tu les laissais venir. Tu as eu de la chance, ils sont venus. Tu avais cette aura qui nous faisait t'accepter tel que tu étais, te protéger, t'aimer. Cette aura ne t'a jamais quitté. « Pierre, ne m'assieds pas à côté d'Yves, j'ai l'impression d'être avec une Altesse royale », me demandait Matthieu Galey. Il faut dire tu ne faisais pas d'efforts pour mettre les gens à l'aise.

C'est au Maroc que je me sens le plus près de toi. Je me souviens de ta tristesse lorsque nous quittions ce pays, à peine arrivé à Paris tu courais t'enfermer dans ta chambre et les noces monstrueuses que tu célébrais avec la solitude recommençaient.

Clemenceau disait que la révolution devait être prise en bloc. D'une certaine manière c'est ce que j'ai fait avec toi et je ne l'ai jamais regretté. Ce n'est pas rien de passer cinquante ans auprès de la même personne.

*

Maxime taoïste à laquelle j'adhère : « *The space between the spokes of a wheel is as important as the spokes.* » Dans ton métier, on pourrait dire : « L'espace entre les boutons est aussi important que les boutons », tu ne peux qu'approuver, toi l'homme du millième de millimètre. Comme tu avais raison et combien j'ai appris à tes côtés! Les fameuses preuves d'amour dont parle Cocteau ne se trouvent jamais que dans les détails. Lorsque j'ai acquis la rue Bonaparte, tu m'as dit : « Nous avons toujours tout acheté ensemble, nous allons continuer », j'ai été bouleversé et j'ai souvent regretté de ne pas avoir accepté. Je le regrette aujourd'hui encore.

*

Comme j'aimerais que tu puisses lire le livre de Yannick Haenel, *Jan Karski*! J'ai relu avec toujours le même plaisir *Voyage autour de ma chambre* de Xavier de Maistre. J'étais bien jeune lorsque j'ai découvert ce livre. Il en est de même du *Petit manuel du parfait aventurier* de Mac Orlan. C'est peut-être à cause de ces livres que je n'ai pas entrepris de grands voyages, c'est aussi à cause de toi qui n'avais pas lu ces livres mais qui refusais de quitter ta maison. Nous allions au Maroc, en Normandie, nous étions seuls et nous étions heureux.

*

La mort de Michael Jackson provoque une émotion planétaire. Je la comprends, c'est la musique de la jeunesse, celle de millions d'adolescents. Cette époque est merveilleuse et je regrette de n'être plus assez jeune pour la partager avec d'autres. La musique occupe une place royale, elle est écoutée en même temps par des Américains, des Européens, des Africains, des Asiatiques, des Australiens qui l'aiment et qui en font leur culture. Rappelle-toi, Yves, la première fois que nous avons entendu les Beatles à Londres, en 1963, c'était la musique de notre génération et nous l'avons aimée

Je viens d'acquérir un livre qui me bouleverse, l'édition originale du *Discours de la méthode.* C'est bouleversant en effet d'avoir en main ce livre tel qu'il est paru à Leyde chez Ian Maire en 1637 et qui a tout pour me plaire. C'est l'œuvre d'un révolutionnaire qui a délaissé le latin pour le français afin d'être compris de tous. Même des femmes, précisait-il. S'il est allé à Rome, comme avant lui Du Bellay, il n'est pas revenu contempler son Liré gaulois mais a préféré se réfugier à Amsterdam loin de l'Église catholique et de ses doctes compatriotes.

*

J'ai vu une superbe exposition de Madeleine Vionnet. Tu l'as toujours aimée mais comme tout le monde tu la connaissais mal. Les photos, surtout celles de cette époque, ne sont pas avantageuses. Quelle modernité, quelle maîtrise de la coupe! Ces fameux quatre carrés utilisés en biais, il fallait y penser. Tu aurais adoré voir toutes ces robes, fluides, féminines, exactes, justes. Le tout d'une simplicité désarmante. J'ai vu l'exposition cet après-midi et ce matin j'étais tombé sur une phrase de toi où tu disais souhaiter qu'une place te soit réservée dans le panthéon de la mode entre Chanel, Schiaparelli et Vionnet. C'est fait. Toutefois cette coïncidence m'a troublé. Ce qui me frappe, c'est que tu n'aies cité ni Dior ni Balenciaga. Tu as désigné tes vraies inspiratrices, car il ne s'agit que de femmes. Balenciaga, tu ne l'aimais pas ; il t'ennuyait et, disais-tu, faisait une couture de caste, c'est-à-dire pour femmes riches, le contraire de toi. Avec Dior tu as toujours été mal à l'aise car tu lui devais énormément. Il t'avait tout appris et tu lui as succédé. Tu l'admirais, certes, et tu avais raison. Il a créé des robes admirables mais a-t-il fait avancer la mode? Boulez dit que si Schubert n'avait pas existé ça n'aurait rien changé à l'histoire de la musique. On peut dire ça de Dior mais sûrement pas de toi ni de Boulez.

*

Comment suis-je passé si longtemps à côté de ce livre ? *The Power of the Dog* de Thomas Savage. Un chef-d'œuvre.

*

On annonce la mort du préfet Grimaud. Celui de Mai 68 comme on l'appelle. Le hasard a voulu que nous fussions là, tu t'en souviens, le soir de l'invasion du théâtre de l'Odéon par une bande d'acteurs aigris. On venait d'assister à une représentation des ballets Paul Taylor et en sortant on vit avec étonnement une foule de gens qui entraient à l'Odéon. Cela me parut si étrange qu'après avoir dîné à la Coupole avec Hélène et Kim je t'ai déposé à la maison et suis revenu au théâtre. Les dés étaient déjà jetés. Sur la scène, Madeleine et Jean-Louis tentaient de parlementer, Julian Beck, du Living Theatre, parlait des devoirs du comédien. Quoi de commun entre Baptiste, Célimène et cette horde de sans-culottes ? Vers 3 heures du matin j'ai accompagné Jean-Louis et Madeleine jusqu'à leur voiture. Ils sont partis comme on le fait quand on quitte un amour pour toujours : sans se retourner. De fait, ils ne devaient plus remettre les pieds à l'Odéon. La bêtise régnait, c'est elle que nous avons fuie lorsque nous sommes partis pour Marrakech. Grâce à Françoise Sagan, nous avons trouvé de l'essence pour aller jusqu'à Bruxelles et, de là, partir, elle pour Munich, nous pour le Maroc. Tout cela pour dire que Grimaud a évité le pire, qu'il n'y eut pas de sang versé, que les étudiants rentrèrent chez eux, que vingt ans après ils devaient devenir des bobos. Tout pourtant aurait dû me rapprocher d'eux. Sartre, Aragon, Mitterrand avaient essayé, ce fut peine perdue. J'avais connu la Libération et j'avais compris ce qui arrive quand la médiocrité conquiert le pouvoir. Là, il s'agissait pour la plupart de fils de bourgeois qui se prenaient pour des révolutionnaires, qui croyaient qu'ils allaient changer le monde. Tu avais beau, Yves, avoir un poster de Che Guevara dans ta chambre, tu n'étais pas très enclin à aller découvrir la plage sous les pavés.

Je me demande ce qu'aurait fait Pierre.

14 août 2009

« Si j'avais à revivre, je revivrais comme j'ai vécu : ni je ne plains le passé, ni je ne crains l'avenir », Montaigne, *Essais*, III, 2. Que pourrais-je ajouter d'autre ? Rien. Pendant que je t'écris ces lettres, c'est ce que je me dis. Je n'ai jamais pensé autrement. Les reproches que je t'ai adressés dans ces lettres, ou que tu as pu percevoir, n'étaient pas des plaintes, seulement des regrets. Tes idiosyncrasies t'ont empêché d'être heureux. Mais pouvais-tu faire autrement ? Tu avais construit un système où chacun exerçait un rôle, tu tenais celui du martyr et tu l'as tenu jusqu'au bout. Pourtant, derrière ce personnage que tu jouais, il y en avait un autre, un autre que j'ai connu et qui en aurait surpris plus d'un. Les proches des dernières années qui ont de toi l'image d'un râleur, d'un bougon qui se plaignait de tout, ceux-là, je veux qu'ils sachent que tu n'as pas toujours été ainsi. Tu l'es devenu après que l'alcool et la drogue t'ont terrassé, après les cures de désintoxication d'où tu n'es jamais vraiment revenu. De ce jour-là, la dernière en 1990, tu es entré en maladie comme on entre en religion, les infirmiers, les médecins se sont succédé et avec eux toute la pharmacopée et la pharmacomanie. On avait remplacé un mal par un autre. Tu avais commencé de bonne heure cette valse avec les médicaments. À New York avec un docteur Feelgood comme on les appelait, Robert Freyman, tu découvris les intraveineuses d'amphétamines qui allaient devenir quotidiennes pendant longtemps. Après cette cure à Garches, tu arrêtas l'alcool et la drogue mais tu ne retrouvas jamais la paix. Ta création s'en ressentit mais tu avais assez de métier pour te réfugier dans ton pré carré, en faire une ascèse et te situer au-dessus de la mêlée. Tu es devenu le couturier le plus célèbre et surtout le plus respecté. Tu recueillais ainsi les fruits de la rigueur que tu avais hautainement cultivée. Les années passèrent, elles t'amenèrent à abandonner ton métier, à te réfugier dans la solitude, à vivre en reclus, à côtoyer le malheur.

Tu étais un personnage d'opéra, entre poignard et poison. Tu méprisais la bourgeoisie, tu n'avais de soins que pour ton œuvre. Homosexuel impénitent, tu aimais les femmes, tu le revendiquais haut et fort. Tu ne t'es pas servi d'elles comme tant d'autres, tu les as servies. Tu as fait de ce métier futile, la mode, un fait de société. Quel dommage que ça ne t'ait pas rendu heureux ! Tu as vécu avec des fantômes que tu as apprivoisés. La solitude qui te faisait si peur fut ton alliée la plus fidèle.

Pourquoi je t'écris tout cela ? Parce que c'est ma

dernière lettre. Tu sais, Yves, je pourrais continuer pendant très longtemps, mais à quoi bon ? J'ai cru que t'écrire apaiserait ma peine, ça ne l'a que détournée. Au fond, ces lettres n'avaient qu'un but : faire un bilan, celui de notre vie. Dire à ceux qui les liront qui tu étais, qui nous étions. Mettre à jour mes souvenirs, te dire combien, au bout du compte, j'ai été heureux avec toi, grâce à toi, montrer, et j'espère l'avoir fait, ton talent, ton goût, ton intelligence, ta gentillesse, ta tendresse, ta force, ton courage, ta naïveté, ta beauté, ton regard, ton intégrité, ton honnêteté, ton intransigeance, ton exigence. Ces « ailes de géant » qui t'ont empêché de marcher.

J'ai essayé d'écouter Stendhal et ce qu'il dit dans *De l'amour* : « Je fais tous les efforts possibles pour être sec. Je veux imposer silence à mon cœur qui croit avoir beaucoup à dire. Je tremble toujours de n'avoir écrit qu'un soupir, quand je crois avoir noté la vérité. » Comme Éluard pour Nush, sur tout ce que je vois, tout ce qui m'entoure, j'écris ton nom.

C'est ma dernière lettre mais ce n'est pas une lettre de rupture. Un jour, à nouveau, je t'écrirai peut-être, qui sait ? Nous ne nous séparons pas et quoi qu'il m'arrive je ne cesserai ni de t'aimer ni de penser à toi. Pendant cinquante ans tu m'as emporté dans une aventure merveilleuse, dans un rêve où se mêlaient les images les plus folles, où la réalité avait peu de place. Aujourd'hui, je suis réveillé. Ta mort a sonné la fin de la partie. Quand tu vivais, tes tours de magie m'éblouissaient, tu sortais de ton chapeau des robes à couper le souffle, des soies venues d'Inde, de Chine, des velours de Scutari, des broderies de Shéhérazade. Devant mes yeux ébahis tu réglais ces apparitions comme un ballet. Malgré tout, rappelle-toi ce que dit Firs dans *La Cerisaie* : « La vie, elle a passé, on a comme pas vécu. » Aujourd'hui, le spectacle est fini, les lumières se sont éteintes, la tente du cirque est démontée et je reste seul, avec mes souvenirs pour tout bagage. La nuit est tombée, au loin on entend de la musique, je n'ai pas la force d'y aller.

Pierre

P.-S. J'ai pensé que tu aimerais lire l'allocution que j'ai prononcée à Saint-Roch pour le premier anniversaire de ta mort, je te l'envoie

Si tu ne me trouves pas du premier coup,
Garde courage.

Si je t'échappe à un endroit,
Cherche ailleurs.

Je suis arrêté quelque part
Et n'attends que toi.

Ce poème de Walt Whitman que Catherine Deneuve, à ma demande, a lu l'année dernière n'a pas quitté ma mémoire. J'ai obéi au poète, cherché sous mes pas, gardé courage, été voir ailleurs et pourtant je n'ai pas trouvé celui que je cherchais, tant il est vrai que chacun est un autre. Si je l'avais trouvé, l'aurais-je reconnu ?

Celui que j'ai connu, celui que vous avez connu, parlons-nous du même ?

Pourtant il a existé et, d'une certaine manière, il existe toujours, mais il n'appartient à personne, ni à moi ni aux autres. Chacun a le droit cependant de se l'approprier et chacun a raison. Lorsque je pense à Yves, lorsque vous y pensez, il s'agit bien sûr de la même personne, du même homme mais chacun de nous entretient avec lui, avec son souvenir une relation unique. Je suis sûr qu'aujourd'hui la vie d'Yves se poursuit. Il était un artiste et le temps des artistes n'est pas celui des autres. Ils renaissent à travers leur œuvre qui nous accompagne.

Celle d'Yves continue. Moi aussi, je crois aux forces de l'esprit. Est-ce suffisant pour que les regrets s'éloignent, que la peine soit plus légère ? Certes non. Vous savez : il y a des jours où la nuit tombe plus tôt que d'habitude. Mais se dire qu'un homme, parvenu au bout de sa route, a laissé une trace, même furtive, se dire cela, console parfois. « Si je t'échappe à un endroit, cherche ailleurs », dit Whitman. Yves s'est toujours échappé et les ailleurs sont innombrables. C'est donc en soi qu'il faut chercher, c'est au fond de chacun de nous qu'il se trouve. Là qu'il se cache. Si on le découvre, alors, il ne pourra plus s'échapper. Il ne pourra plus nous échapper. Pendant un an, je n'ai fait que le chercher, fouiller mes souvenirs, recoller les bris de ma mémoire. J'ai passé mon temps à courir après lui dans une poursuite haletante où les regrets se mêlaient aux remords, les certitudes au doute. Ne nous y trompons pas, chercher l'autre c'est se chercher soi-même. C'est vouloir la paix avec soi. La mort pose plus de questions qu'elle n'apporte de réponses. Ce sont ces questions auxquelles il faut répondre, jour après jour, heure après heure. À ces questions-là, ai-je répondu comme il le fallait ? Je n'en suis pas sûr. Ce que je sais, c'est que j'ai effacé mes doutes et mes interrogations. Après celui de l'effroi, le temps du calme est survenu. Lorsque je pense à Yves, c'est le jeune homme myope et timide que j'ai connu à l'issue de sa première collection chez Dior que je revois. Celui qui devait me prendre par la main et m'emmener. Je pense à ce moment fragile où il ne savait pas encore qu'il avait rencontré la gloire, qu'elle n'allait plus le lâcher et lui apporter, comme le dit Mme de Staël, le *deuil éclatant du bonheur*. Il avait vingt et un ans. N'était-il pas un peu jeune pour faire le deuil du bonheur ? Pourtant c'est ce qu'il a fait puisque jusqu'à la fin il a sacrifié sa vie à son travail. Peu importe que ce travail fût éphémère. Il l'a fait. Proust dans sa chambre, Flaubert à Croisset n'ont pas fait autre chose, même si leur œuvre est immortelle. Seul le geste compte. Comme ces étoiles mortes qui brillent encore, Yves Saint Laurent nous éclaire. La vente aux enchères que j'ai voulue a montré son goût de l'art, la sûreté de son choix. Les expositions de son œuvre un peu partout dans le monde et bientôt à Paris prouvent que, même éphémère, cette œuvre s'impose, va bien au-delà de celle d'un couturier, a été créée par un artiste à part entière qui a bouleversé son temps en pénétrant sur le territoire social pour transformer les femmes. Certes son œuvre n'est pas gravée dans le marbre mais elle a changé la vie des femmes, elle a renforcé leur pouvoir, les a rassurées et leur a permis de s'assumer. C'est ce qui s'appelle remplir le contrat offert par la vie.

Réunis aujourd'hui autour de son souvenir, chacun peut penser à Yves comme il l'entend. Chacun a raison. Mon Yves à moi c'est celui auprès duquel j'ai vécu pendant cinquante ans, auquel j'ai fermé les yeux il y a un an. Celui qui m'a honoré de sa confiance et que j'ai aidé à accomplir son destin. Celui à qui je disais que rien n'était impossible, qu'il fallait croire aux miracles et ne pas écouter ceux qui voyaient d'abord les écueils. C'est parce que nous avons ignoré les écueils que nous avons pu les réaliser, ces rêves les plus fous. Parce que nous étions fous, précisément.

Alors maintenant, maintenant que les courses d'obstacles ont pris fin, que me reste-t-il? Des souvenirs? Sûrement. Mais je me méfie de la nostalgie et n'ai plus l'âge des projets. Je relis Victor Hugo et médite ce passage de *Booz endormi* :

Je suis veuf, je suis seul, et sur moi le soir tombe,
Et je courbe, ô mon Dieu! mon âme vers la tombe,
Comme un bœuf ayant soif penche son front vers
l'eau.

Achevé d'imprimer
par l'Imprimerie Floch
à Mayenne, le 29 mars 2010.
Dépôt légal : mars 2010.
1ᵉʳ dépôt légal : février 2010.
Numéro d'imprimeur : 76360.

ISBN 978-2-07-012887-7/Imprimé en France

176830